农业及农业科技改革开放 40 年回顾与展望

王汉中　王济民　郭静利　孔凡丕　编著

中国农业科学技术出版社

图书在版编目（CIP）数据

农业及农业科技改革开放40年回顾与展望/王汉中等编著.--北京：中国农业科学技术出版社，2021.11
　　ISBN 978-7-5116-5566-0

Ⅰ.①农… Ⅱ.①王… Ⅲ.①农村经济-经济改革-研究-中国　Ⅳ.①F320.2

中国版本图书馆CIP数据核字（2021）第223609号

责任编辑	倪小勋　穆玉红
责任校对	贾海霞
责任印制	姜义伟　王思文

出 版 者	中国农业科学技术出版社 北京市中关村南大街12号　邮编：100081
电　　话	（010）82106626（编辑室）　（010）82109702（发行部） （010）82109709（读者服务部）
传　　真	（010）82106626
网　　址	http://www.castp.cn
经 销 者	各地新华书店
印 刷 者	北京建宏印刷有限公司
开　　本	170 mm×240 mm　1/16
印　　张	9
字　　数	220千字
版　　次	2021年11月第1版　2021年11月第1次印刷
定　　价	118.00元

◁━━▷ 版权所有·翻印必究 ◁━━▷

《农业及农业科技改革开放 40 年回顾与展望》

指导委员会

陈萌山　刘　旭　张合成　辛　贤　王汉中　梅旭荣

编著者

主编著　王汉中　王济民　郭静利　孔凡丕
编著者（以姓氏笔画排序）
　　　　王　雯　王明利　王仕龙　王祖力　王志霞
　　　　刘瀛弢　孙翠清　张灵静　陈黎明　欧阳儒彬
　　　　胡馨月　崔奇峰　蒋和平　温　洋　翟研宁

目　　录

项目总报告　农业农村高质量发展站在新高点 …………………………（1）

研究报告1　40年农业农村改革发展和未来政策走向 ………………（29）

研究报告2　改革开放40年中国农业科技发展回顾与展望 …………（56）

研究报告3　农科研究生教育改革与发展40年 ………………………（67）

研究报告4　改革开放40年中国粮食安全：成就、问题及建议 ………（97）

研究报告5　改革开放40年中国畜牧业发展：成就、经验及

未来趋势 ………………………………………………（106）

研究报告6　改革开放40年来中国农业农村现代化发展与未来

发展：思路与途径 ……………………………………（124）

项目总报告

农业农村高质量发展站在新高点

(中国农业科学院 王汉中 王济民 孔凡丕)

一部农村改革史，正是中国跨越式发展的缩影。40年的改革与发展为农业农村现代化的实现提供了物质基础，创造了制度条件。以史为镜，可以知兴替。回顾过去发展成就，总结经验，才能更好地为未来农业高质量发展奠定基础。本研究对中国农业科技改革和农村发展40年的历程、成就和经验作回顾，总结提炼农村改革的主要经验，分析全面深化农村改革面临的主要问题，并提出下一步农村改革深化拓展的方向，为今后我国农业高质量发展提供参考借鉴。

一、改革开放40年农业农村现代化发展取得显著成效

始于1978年的中国农村改革，对我国经济社会发展带来了持续深远、意义非凡的影响，引起了许多专家学者的共鸣。从"大包干"到土地制度改革、农产品购销体制改革、鼓励创办乡镇企业、改革农村税费制度、推行精准扶贫和脱贫攻坚战略等，农业农村改革波澜壮阔，农业科技成就斐然，各类农业人才辈出，推动我国农业生产、农民生活、农村面貌发生了巨大变化，为我国改革开放和社会主义现代化建设作出了重大贡献。我国农村改革的成功实践，不仅为中国经济转轨、社会转型探索了道路，也为世界上其他国家的土地制度改革、农村发展提供了有益借鉴。

(一) 农业生产创造了世界奇迹，仅用了世界7%的耕地养活了21%的世界人口

农业农村改革40年来，我国农业产业结构发生了深刻调整，农产品生产日益向优势产区聚集，农业产业结构发生深刻调整、区域布局进一步优化。农产品供给能力大幅度提高，种类品种丰富，品质提升，消费需求升级加快。

农业及农业科技改革开放40年回顾与展望

1. 农业综合生产能力实现新跨越

改革开放40年来，我国农业综合生产能力实现新跨越。2018年，全国粮食总产量达到65 789万吨，是1978年粮食总产量30 476.5万吨的2.2倍。主要粮食品种稻谷、小麦、玉米以及棉花、油料、糖料、肉类、禽蛋、水果、蔬菜、水产、林产品等农产品产量稳定增长，市场供应充足，农产品质量安全水平不断提升（表1）。

表1 我国主要农产品生产总量变化情况

分 类	1978年	2000年	2012年	2018年
粮食（万吨）	30 476.5	45 264	63 048	65 789
棉花（万吨）	217	442	661	610.3
油料（万吨）	522	2 955	3 286	3 433
糖料（万吨）	2 382	7 635	12 452	11 937
肉类总产量（万吨）	1 205（1980年）	6 014	8 471	8 625
禽蛋类（万吨）	281（1982年）	2 182	2 885	3 138
奶类（万吨）	88.3	827	3 175	3 075
水产品（万吨）	465	3 706	5 502	6 458
木材（万立方米）	5 162	4 724	8 175	8 811

数据来源：国家统计局。

2. 农业产业结构调整成效显著，发展协调性增强

我国农业产业结构不断调整优化，由以粮食生产为主的种植业经济向多种经营和农林牧渔全面发展转变。从产值构成来看，1978年农业产值占农林牧渔业产值的80.0%，处于绝对主导地位；2018年农业产值占农林牧渔业产值的54.1%，比1978年下降了25.9个百分点。在保持粮食生产稳步发展的同时，经济附加值较高的各类经济作物和特色作物生产发展迅速。

3. 农业生产区域布局日趋优化，主产区优势逐渐彰显

从粮食生产来看，粮食主产区稳产增产能力增强，确保国家粮食安全的作用增大。2018年主产区粮食产量合计达到51 770万吨，占全国粮食总产量的78.7%，比1978年提高8.7个百分点。其中，小麦主要分布在河南、山东、河北、安徽和江苏等省份，2018年，5省小麦产量合计占全国小麦产量的79.3%，比1978年提高21.3个百分点。大豆主要分布在黑龙江、内蒙古和安徽等省（区），2018年3省区大豆产量占全国大豆产量的51.4%，比1978年提

高26.7个百分点。从经济作物生产来看，也正进一步向优势产区集中。近年来，国家在新疆开展棉花目标价格改革试点，其他棉区生产萎缩，新疆棉花生产的重要性进一步强化。2018年，新疆棉花产量为511万吨，占全国棉花产量的83.8%，比2012年提高了31.7个百分点。另外，糖料、蔬菜、水果、中药材、花卉、苗木、烟叶、茶叶等农产品生产也都形成了优势区域和区域品牌。

4. 农产品供应能力的大幅提高，极大地丰富了居民食物消费种类，改善了居民食物消费结构

根据国家统计局数据，从城乡居民人均消费量看（表2），2012年与1981年相比，均出现粮食和蔬菜消费量减少、肉蛋奶油和瓜果消费量增加的趋势，城镇居民食物消费量普遍高于农村居民消费量，但两者差距在缩小；从全国居民人均消费量看（表2），2018年与2013年相比，粮食消费量减少14.46%，食用油减少9.43%；大部分主要食物消费量则持续增长，其中，猪肉增加15.15%，牛肉增加33.33%，羊肉增加44.44%，禽类增加25.17%，蛋及其制品增加17.72%，奶及其制品增加4.63%。从总体上看，我国居民食物消费中粮食等主食消费量大幅减少，肉蛋奶等动物性食物消费量明显增加，即膳食结构从以植物性食物消费为主转变为动植物食物消费并重且营养搭配更加科学。

表2 国家统计局口径下我国居民人均主要食物消费量变化 （单位：千克）

类别	1981年消费量		2012年消费量		类别	消费量	
	农村	城镇	农村	城镇		2013年	2018年
粮食（原粮）	256.1	145.4	164.3	78.8	粮食	148.71	127.2
猪牛羊肉	8.7	18.6	16.4	24.9	猪牛羊肉	22.22	26.1
禽类	0.7	1.9	4.5	10.8	禽类	7.19	9
蛋及其制品	1.3	5.2	5.9	10.5	蛋类	8.24	9.7
奶及其制品	—	4.1	5.3	14	奶类	11.66	12.2
水产品	1.3	7.3	5.4	15.2	水产品	10.42	11.4
植物油	1.9	4.8	6.9	9.1	食用油	10.6	9.6
					食用植物油	9.92	8.9
瓜果及其制品	—	21.2	22.8	56.1	干鲜瓜果	40.75	52.1
蔬菜	124	152.3	84.7	112.3	蔬菜及食用菌	97.52	96.1

数据来源：国家统计局。

注：a. 城镇居民消费量数据最早到1981年；b. 2013年及以后居民食物消费量统计口径改变，2013年前城镇居民收支数据来源于独立开展的城镇住户抽样调查。

(二) 农业物质技术装备条件明显改善，农业现代化水平不断提升

农业农村改革40年来，实现了从传统农业向现代农业的大跨步转型。

1. 农田基础设施条件显著改善

高标准农田建设稳步推进，2011—2018年全国建设高标准农田约6.4亿亩（1亩≈667平方米，全书同），耕地质量提升约一到两个等级，粮食产能提高10%~20%；大中型灌区续建配套和节水改造与中小型农田水利设施建设成效显著，全国有效灌溉面积从1978年的6.74亿亩增加到2018年的10.2亿亩，增幅达51.34%。

2. 农业绿色发展步伐加快

改革开放初期，化肥、农药的推广使用极大地促进了我国农业的快速发展，施用量不断增长。但是在生态环境容量和资源承载力的约束条件下，农业生产经营更加注重保护环境资源，降低化肥农药的投入量，切实实行低碳循环生产方式，提高资源利用率。2017年我国三大粮食作物化肥利用率为37.8%，农药利用率为38.8%，分别比2015年提高2.6个和2.2个百分点。从2015年起，农药使用量已连续三年负增长，化肥使用量零增长，推进了农业生产的科学化、可持续化、生态化（表3）。

表3 我国农业物质技术装备条件变化情况

指标	1978年	2000年	2012年	2018年
农用化肥施用量（万吨）	884.0	4 146.0	5 839.0	5 653.0
农药使用量（万吨）	76.53（1991年）	128.0	180.0	150.0
农业机械总动力（万千瓦）	11 750.0	52 574.0	102 559.0	100 372.0
有效灌溉面积（万公顷）	4 496.5	5 382.0	6 303.7	6 827.2

数据来源：国家统计局。

注：1978年，我国农药工业基础非常薄弱，仅有一些国营化工厂生产农药产品，品种较少且以高毒农药为主，不能满足农业生产需求，且无相应统计数据。农药使用量最早数据到1991年。

3. 农业机械化和信息化水平明显提升

水稻栽植、玉米和马铃薯收获等环节机械化作业水平明显提高，全国农作物耕种收综合机械化率超过67%，主要粮食作物耕种收综合机械化率超过80%。其中小麦基本实现全程机械化；实施"互联网+"现代农业行动，现代信息技术在农业生产、经营、管理和服务中得到广泛应用，农业信息监测预警

体系初步建立。1978年全国农业成灾面积曾高达2 445.7万公顷，2017年则降至920.1万公顷，仅为1978年的37.62%（图1），防灾减灾能力大幅提高。

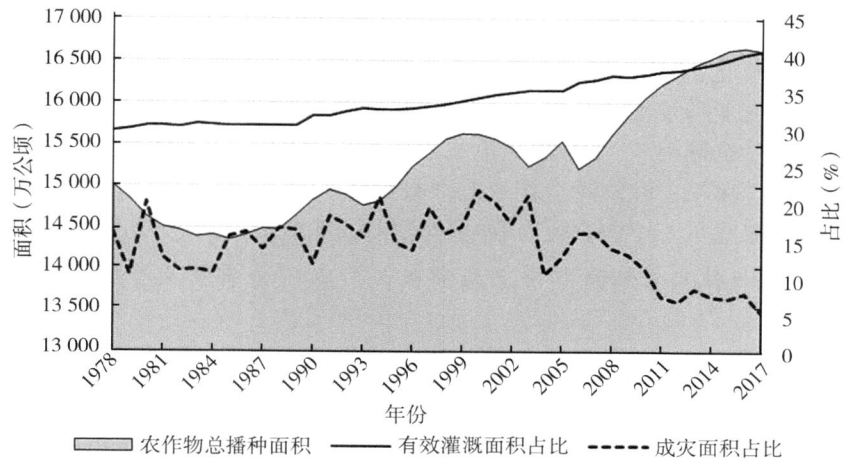

图1　1978—2017年我国农作物有效灌溉面积占比和成灾面积占比
数据来源：国家统计局。

4. 农业技术推广持续强化

建成省、市、县三级农技机构设置健全的全国农业技术推广体系，基本实现了办公有场所、服务有手段、经费有保障。到2017年，全国乡镇以上农技推广机构达到7.49万个，农技推广人员54.14万人，示范推广了一大批重大品种、关键技术和先进模式，为跑好农业科技成果转化"最后一公里"，打通农业高质量发展的"末梢神经"提供了有力保障。

（三）农业科技创新支撑引领能力不断增强

改革开放40年来，我国农业科技创新取得了巨大成就，农业科技进步贡献率由1978年的27%增长到2018年的58.3%。实现了依靠科技创新突破资源环境约束，依靠科技创新拓展农业发展空间，依靠科技创新提高农业发展质量和效益，依靠科技创新抢占国际农业竞争制高点。农业科技支撑引领农业高质量发展的能力不断提升。

1. **农业科技论文国际竞争力水平快速提高，为农业高质量发展提供了充分的科技保障**

根据最新发布的《2019中国农业科技论文与专利全球竞争力分析》，中国的农业科技论文总体竞争力位居全球第二，发文总量跃居全球第一。在科研影响力上，规范化引文影响力高于全球平均水平，排名第十六；在科研卓越力上，中国的农业科技论文产出质量受到研究同行和高级别期刊的高度认可，高被引论文数量全球第三，Q1期刊论文发表量全球第一，发表CNS期刊论文的机构数量全球第二；在国际合作力上，国际合作论文产出量全球第二。专利竞争力分析结果显示：中国农业专利总体竞争力仅次于美国，排名第二。

2. **农业科技自主创新取得重大突破，为农业高质量发展提供直接的技术支持**

农业科技取得一系列原创性标志性成果，共获得国家各类科技奖励2 227项。在品种培育方面，挖掘出一批优异种质资源及基因。基本完成了水稻、小麦、玉米等主要农作物的基因图谱绘制和测序工作，基本完成了猪、牛、羊等动物的基因组测序，建立了中国荷斯坦牛分子育种技术体系。在技术研发方面，黄淮海平原中低产地区综合治理、两系法杂交水稻技术获得国家科技进步特等奖。动植物疫情防控和病虫害综合治理技术研究取得重要进展，重大动植物疫病监测预警技术体系趋于完善。高致病性禽流感疫苗研发处于国际领先水平。

3. **农业科技创新体系初步构建，为农业高质量发展筑就科技支撑平台**

全国农业科研机构由1979年的597家发展到2017年的1 247家，农业科研人员由1979年的2.2万人发展到2017年的10.72万人。农业科技总投入和科研与试验发展（R&D）经费持续增加，农业科研机构和农业高校的科研经费投入从2001年的45.89亿元增加到2017年的223.46亿元，增加了3.87倍。创新平台功能日趋完备。布局建设了农业领域2个国家重大科学工程，49个国家重点实验室，206个国家农作物改良中心和分中心，10个国家农业科学数据中心，37个农业农村部重点实验室，学科群体系涵盖42个综合性重点实验室、335个专业性（区域性）重点实验室和269个科学观测试验站。

4. **农业科技产学研结合的机制创新持续推进，加速农业成果转化应用**

我国已经构建了50个主要农产品的现代农业产业技术体系，71个农业科技创新联盟，4个国家现代农业产业科技创新中心。建成国家农业高新技术产业示范区2个，国家农业科技园区246个，国家现代农业产业园41个。支持农业企业建立了 40 余个国家和农业农村部重点实验室，认定 88 个育繁推一体化种业企业。

5. 农科研究生教育和农业科技人才培养有了显著的发展

随着 40 年的发展，农科研究生的教育已经由"量"向"质"有了一个飞跃，从单纯地解决学术上的问题向多维化、复合型开始转变，将农林研究与交叉学科、新兴学科相对接，在注重科技与经济的紧密结合，深入农业生产第一线，加速科技成果的转化应用与产业化的同时，与国际紧密对接，加快培养复合型多层次农林人才。以中国农业科学院和中国农业大学为例，经过 40 年不断地探索和发展，农业类研究生的招生范围和领域不断扩大，学科体系不断完善，课程教学逐步完善，培养管理不断规范，研究生教育与国际相接轨。中国农业科学院研究生院共毕业研究生 12 050 人，授予博士、硕士学位 15 317 人，为农业领域输送了一批批多层次、复合型科技创新人才和农业科技工作者，成为高层次科技人才培养的主力军。截至 2018 年年底，中国农业大学共培养研究生 4 万多名，其中博士研究生 1 万多名。

大力发展农民教育培训事业。2017 年出台新型职业农民培育规划，以提高农民、扶持农民、富裕农民为方向，以吸引年轻人务农、培养职业农民为重点，加快构建一支有文化、懂技术、善经营、会管理的新型职业农民队伍。

（四）农村改革政策体系不断完善，农业农村改革的四梁八柱基本确立

1. 健全农村土地经营管理制度

我国农村土地经营制度变革逐步释放了土地束缚。农村耕地由"两权分离"转变为"三权分置"，并确保土地承包关系保持长久不变。盘活农村宅基地，增加农民财产性收入。农村集体建设用地与国有建设用地享有同等权利，允许其出让、租赁、入股。农村土地经营管理制度改革始终坚守土地公有性质不改变、耕地红线不突破、农民利益不受损的底线和方向，激发了土地生产要素的活力。

2. 培育一大批新型农业经营主体

由于土地经营制度的创新，新型经营主体不断涌现。截至 2017 年年底，全国家庭农场、农民合作社、农业企业等各类新主体超过 300 万家，新型职业农民超过 1 500 万人，社会化服务组织达到 22.7 万家，已服务 3 600 多万农户，托管面积 2.32 亿亩。截至 2018 年年底，全国县级以上农业产业化龙头企业达 8.7 万家，国家重点龙头企业达 1 243 家，各类农业产业化组织辐射带动 1.27

亿农户，户年均增收超过 3 000 元；全国纳入农业农村部门名录的家庭农场近 60 万家。截至 2019 年 7 月底，在工商部门登记的农民专业合作社达 220.7 万家，辐射带动全国近一半的农户，提供产加销一体服务的合作社超过 53.4%。新型职业农民队伍不断壮大，截至 2018 年，各类返乡下乡创新创业人员累计达 780 万人。

3. 创建了城乡统筹与融合发展模式

自"十二五"规划提出"积极稳妥推进城镇化"以来，我国加快破解城乡二元结构步伐，在实践中逐步形成了一系列城乡统筹与融合发展的新理念。确立形成以工促农、以城带乡、工农互惠、城乡一体的新型工农城乡关系。通过实行工业反哺农业、城市带动乡村的方式，逐步缩小城乡居民收入差距、促进城乡居民基本权益和享受到的公共服务均等化。遵循以人为本的城乡发展理念。在农民自愿的前提下继续推动农业转移人口市民化，保障好农民的落户及就业问题；加强对农民工的技能培训及解决好其子女上学问题。2018 年，我国城镇化率达到了 59.58%。

4. 农村集体产权制度改革试点稳步开展

2015 年以来全国共组织开展了四批农村集体产权制度改革试点。截至 2019 年 7 月底，中央试点单位共包括 15 个省、89 个地市、442 个县，加上地方自主确定的省级试点单位，各级试点单位已经覆盖到全国 80% 左右的县。全国已有 59.2 万个村完成清产核资工作，占总村数的 99%。完成集体经营性资产股份合作制改革的村有 15 万个，超过全国总数的 1/4，确认成员有 3 亿多人，年人均分红 315 元。农村集体产权制度改革给集体和农民带来了实实在在的好处，保障了农民集体成员权利，提升了集体经济发展活力，释放了产权制度改革红利，提升了基层组织战斗力。

（五）农村基础设施和公共服务实现新提升，城乡发展进入融合发展的新时期

1. 加强新农村建设

1978 年以前，农村基础设施较少，农业生产仍然"看天吃饭"，农业为工业发展提供大量积累和物质基础，但农民生活水平低下，农村基本公共服务缺失。党中央始终坚持补足农业农村这块短板，努力实现农民的全面小康。加强新农村建设。修建并完善农村道路、饮水、通信等基础设施，加强农村先进文化的宣传和建设，进行环境整治、改变农村面貌。到 2016 年年末，91.3% 的乡镇集中或部分集中供水，17.4% 的村生活污水集中处理或部分集中处理，

90.8%的乡镇生活垃圾集中或部分集中处理，53.5%的村完成或部分完成改厕。32.3%的村有幼儿园、托儿所，96.8%的乡镇有图书馆、文化站，81.9%的村有卫生室。农村实现村村通电话、乡乡能上网、广播电视基本全覆盖。农村教育基础设施继续改善，农村医疗卫生服务体系进一步健全。新型农村社会养老保险与城镇居民养老保险逐渐开始并轨，基本实现制度全覆盖。

2. 农民人均收入大幅提高

农村的基础设施和基本公共服务改善后，农民的人均收入也大幅提高。从年际变化来看，1978年农民人均纯收入为134元，由于城乡二元体制的存在，农民进城务工受到限制，农民务工收入几乎没有，加上当时政府没有给农民发放农业补贴，农民无法享受到政府提供的财政转移收入，此时农民收入以农业收入为主，收入来源单一。2018年农民人均可支配收入达14 617元，扣除价格因素，较1978年增长16.76倍，年均增长7.3%。农民收入增速连续9年高于城镇居民，城乡收入倍差缩小至2.69∶1。农民收入来源结构日趋多元化，工资性收入对农民增收的贡献率达到40%，成为增收的主渠道。农民人均收入用37年时间实现跨万元大关（图2）。

图2 改革40年来我国农民人均收入增长率变化

数据来源：国家统计局。

3. 脱贫工作取得举世瞩目的成就

改革开放以来，我国农村减贫事业也取得了巨大成效，按照1978年100元的贫困线标准，我国贫困人口规模为2.5亿人，贫困发生率为30.7%；按照2010年1 274元的贫困线标准，2010年贫困人口规模为1.65亿人，贫困发生率为17.2%，到2018年末，贫困人口规模下降到1 660万人，贫困发生率降至1.7%。改革开放40年来，我国农村7亿多贫困人口摆脱贫困。按当年价现行农村贫困标准衡量，1978年末农村贫困发生率约97.5%，以乡村户籍人口作为总体推算，农村贫困人口规模7.7亿人；2017年年末农村贫困发生率为3.1%，贫困人口规模为3 046万人。从1978年到2017年，我国农村贫困人口减少7.4亿人，年均减贫人口规模接近1 900万人；农村贫困发生率下降94.4个百分点，年均下降2.4个百分点。

二、农业农村改革发展主要创新和经验

农业农村改革40年来，中国取得了巨大成就，也积累了丰富宝贵的经验。这些经验从中国农业农村的实际出发，有着扎实的现实基础，把握住了中国农业农村发展的关键，在新形势下深化农村改革行动中应该继续坚持。

（一）构建了新的粮食安全观和农业"走出去"战略

在改革开放和全球化大浪潮中，始终坚持粮食安全战略国内和全球布局，成为中国经济社会快速稳定发展的"压舱石"。粮食安全是全球共同持续关注的重大战略问题，也是关乎中国国计民生的永恒主题。1996年发布的《中国的粮食问题》白皮书首次明确提出，"立足国内资源，实现粮食基本自给，是中国解决粮食供需问题的基本方针""中国将努力促进国内粮食增产，在正常情况下，粮食自给率不低于95%，净进口量不超过国内消费量的5%"。2008年，国务院审议批准的《国家粮食安全中长期规划纲要（2008—2020）》重申，"粮食自给率稳定在95%以上"。原农业部（现农业农村部）制定发布的《全国种植业发展第十二个五年规划（2011—2015）》提出，"确保自给率95%以上""水稻、小麦、玉米三大粮食作物自给率达到100%"。2013年年底中央农村工作会议上，确定了"以我为主、立足国内、确保产能、适度进口、科技支撑"的国家粮食安全战略；"中国饭碗""中国粮食"已成为指导中国粮食发展政策的重大战略思想。

因为有着可靠的粮食安全根基，中国才能在世界经济的汪洋大海中屹立不倒。除了国内不断提高粮食生产能力保障自己自足以外，粮食安全全球战略布局不断加快和巩固，进一步打牢了我国粮食安全的根基。进入新世纪后，中国

更加重视统筹利用国际国内两个市场、两种资源，制定了农业"走出去"战略规划，加强与"一带一路"沿线国家的农业合作。在一系列政策刺激下，中国对外农业投资总体规模不断上升，对外农业投资的地区分布呈现多元化趋势。中国对外直接投资流量和存量稳居全球前三，占比皆创新高。2018年中国对外直接投资1 430.4亿美元，略低于日本（1 431.6亿美元），成为第二大对外投资国；2018年年末，中国对外直接投资存量达19 800亿美元，是2002年年末存量的66.3倍，在全球分国家地区的对外直接投资存量排名由第25位升至第3位，仅次于美国和荷兰。中国对外农业投资的地区分布呈现出多元化趋势，从过去的欧美、日本、澳大利亚等发达国家和地区，向"一带一路"及周边国家地区深入。中国对外农业投资的领域从种植等产业链低端环节向加工、流通等中高端环节延伸，开展跨国经营、全产业链经营的国际性企业数量不断增加。不过，我国经济依然处在新旧动能转换的关键期，新的增长动能总体上看还处于发育期，此时更容不得粮食安全有任何闪失。粮食安全的主动权，要牢牢抓在自己手上，这是今后要继续坚持的战略思想。

（二）创新推进农业农村经营管理制度

1. 建立了农村家庭联产承包制

改革开放初期，邓小平同志赋予并肯定了农业的基础地位，坚持"农业是基础，始终要抓农业"的思想，强调"我们必须把农业作为实现现代化的战略重点，真正从思想上重视发展农业"。从农村经济体制入手，以家庭承包经营为开端，推动了农产品流通和农业生产资料供应市场化改革。

2. 推动农产品流通体制改革

自20世纪80年代实行家庭承包经营为基础、统分结合的双层经营体制以后，农村土地承包经营制度改革进一步深化。1985年，国家将粮棉油蔬菜等主要农副产品的统购统派制度逐步改革为以计划为主与市场调节为辅的制度。政府对农产品大幅度提价，调动了广大农户的积极性，粮食产量由1978年的30 476万吨增长到1991年的43 529万吨，农民人均纯收入由133.6元增长到1991年的708.6元。

3. 鼓励乡镇企业发展

20世纪80年代中期，开始将市场机制引入到农业和农村经济发展中，鼓励农民从事工商业等非农产业活动和发展乡镇企业，农业生产结构、农村经济结构趋于多元化，乡镇企业也得到蓬勃发展。1988年乡镇企业总数已发展到

1 888.2万个，总产值达到4 764.3亿元，职工总数达到9 545.5万人。自1992年开始，加快了乡镇企业产权制度改革，乡镇企业迎来了第二个高速增长时期，出现了农村劳动力大规模流动的"民工潮"，乡镇企业就业人数由1992年的1.06亿人增加到1996年的1.35亿人。同时，由于逐步取消农产品统派购制度，相继建立了农产品收购保护价政策，扩大了农产品市场调节范围，初步建立了农产品市场体系。外向型农业得到发展，贸工农、产加销农业产业化经营形成共识，逐步形成了农业产业化发展格局。

4. 实行农村承包地"三权分置"

随着土地确权颁证工作持续推进，土地流转加快，截至2018年年底，已完成确权面积14.8亿亩，全国耕地流转面积达到5.3亿亩，适度规模经营已成趋势。另外，为适应城镇化进程和农村劳动力转移、适应农业科技进步和生产手段改进、适应农业社会化服务水平提高，在土地承包经营权确权登记颁证的基础上，实施土地"三权分置"改革，加速推进农村土地所有权、承包权和经营权三项权利分置，进一步放开土地对农民的束缚，激活土地经营权，提高农业效益和竞争力。

（三）坚持逐步完善、建设城乡之间要素平等交换

我国农业40年的稳定发展得益于计划经济向市场经济的转轨，得益于不断破除阻碍农业生产要素发育和流动的各种体制机制改革。中华人民共和国成立以来，由于实行优先发展重工业的战略，生产资料和生活资料向城市和重工业倾斜，虽然形成必要的资本积累，但高度集中的计划经济体制，导致农民生产动力不足、农业发展活力缺乏，造成农业发展受到相当程度的抑制。二元制度安排导致农村要素市场与城市割裂，市场发育不完全。

为加快破解城乡二元结构，形成城乡统筹与融合发展的格局，党中央实施了一系列政策措施，打破城乡要素流动的桎梏障碍，促进资源要素市场化配置，逐渐消除工农剪刀差。通过农村公共服务体制改革，缩小了城乡二元结构差距，对推进全面现代化建设产生了深刻影响。通过建立和完善农村社会保障制度，初步实现了农村公共服务从无到有、从少到多，有效遏制了公共服务城乡二元差距扩大的趋势，将城乡公共服务均等化向前推进了一大步。通过农业农村基础设施建设，提升了农业综合生产能力，培育了农村经济新动能，改善了人居生态环境，为深入推进国家全面现代化、弥补农业农村现代化短板创造了基础条件。通过建立和完善农村公共服务体系，使得农民的健康和医疗卫生

水平大幅度改善，农村人口综合素质显著提高，将为中国跨越"中等收入陷阱"、迈向现代化强国提供了有效的人力资本支撑。

在新阶段下，要进一步繁荣农业农村事业，必须继续坚持破除城乡要素流动障碍的基本经验。党的十九大以来，党和政府明确提出实施乡村振兴战略，首次强调坚持农业农村优先发展，加快形成"工农互促、城乡互补、全面融合、共同繁荣"的新型工农城乡关系。这一要求更加突出农业农村在城乡一体化发展中的重要地位，也在工业与农业、城市与乡村之间的双向作用、良性互动与协同发展上提出了更高的要求。

（四）坚持发挥科技创新对农业现代化的支撑引领作用

党中央在不同时期根据实际发展需要提出了符合时代要求的农业科技发展路线、方针和政策，把依靠科技进步促进农业发展作为一以贯之的战略思想。经过40年努力，中国农业科技进步成果显著。一大批新品种、新技术、新工艺、新产品和新设备，在农业生产中进行转化、应用、推广。这些成果为农业农村生活方式转型升级提供了动力，支撑了农业综合生产能力大幅提升，促进了农产品质量安全水平显著提升。科技创新已成为经济社会发展的主要驱动力，知识创新、科技成果转化和产业更新换代的周期越来越短。

40年间，农业科技成果举世瞩目。袁隆平院士、李振声院士获国家最高科学技术奖。在品种培育方面，挖掘出一批优异种质资源及基因。基本完成了水稻、小麦、玉米等主要农作物的基因图谱绘制和测序工作，基本完成了猪、牛、羊等动物的基因组测序，建立了中国荷斯坦牛分子育种技术体系。在技术研发方面，黄淮海平原中低产地区综合治理、两系法杂交水稻技术获得国家科技进步特等奖。动植物疫情防控和病虫害综合治理技术研究取得重要进展，重大动植物疫病监测预警技术体系趋于完善。高致病性禽流感疫苗研发处于国际领先水平。中国农业科技整体研发水平在发展中国家居领先地位并逐步缩小与发达国家的差距，正在进入由量的增长转向质的提升的跃升期。

农业科技创新所取得的成就，主要源自：一是坚持自主创新，夯实创新根基，加强相关学科教育投入和人才培养，提升原始创新能力。二是不断优化科技创新环境，完善激励创新的政策体系、保护创新的法律制度。三是实现创新投入主体、创新要素、创新管理在创新活动中的共生竞合。四是着力打造协同创新机制，促进科技与经济的紧密联系，以产业技术体系、科技创新联盟、产业综合体、区域共同体、科企联合体为平台和载体，形成分工协作、多学科集成的协作新格局。五是通过打通协同创新链条，联动科学创新、技术开发和成果转化，形成创新链、产业链和资金链有效联动，助力科技创新转化为生产力。

（五）坚持农民主体地位并着力构建长效增收机制

40年农村改革，成功的关键是顺应了实践要求和农民愿望。尊重农民首创精神、调动农民积极性、发展农业生产力是农村改革的出发点和落脚点，也是决定农村改革成败的关键。广大农民群众不是农村改革和发展实践的被动接受者，更是积极参与者和主要推动者。正如邓小平同志所指出的："农村搞家庭联产承包，这个发明权是农民的。农村改革中的好多东西，都是基层创造出来，我们把它拿来加工提高作为全国的指导。"此外，土地股份合作制、适度规模经营、农村土地"三权分置"以及外向型农业和生态农业等，都是农民在实践中不断总结创造出来的。习近平同志指出："农村要发展，根本要依靠亿万农民。要坚持不懈推进农村改革和制度创新，充分发挥亿万农民主体作用和首创精神，不断解放和发展农村社会生产力，激发农村发展活力。"

在农村改革过程中，中国共产党始终倾听农民心声，尊重农民意愿，出台一系列重大举措。广大农民是农村改革和发展成果的分享者，实现和维护好广大农民的根本利益是农村改革和发展的重要任务，是衡量农村改革成效的重要标准。广大农民平等参与农村改革发展进程，平等享受农村改革发展成果，在共建共享发展中有更多获得感和幸福感，是实现好、维护好、发展好广大农民群众根本利益这一农村改革和发展的出发点与落脚点最直接的体现。

三、新时代农业农村发展面临的挑战

经过40年的深化改革，农业农村发展取得巨大成就。但从发展的角度和国内外对比的视野来看，也面临着一些主要矛盾和挑战。

（一）资源禀赋弱制约了农业现代组织和技术模式应用

农业是高度依赖自然资源的产业，土地经营规模决定了农业的基础竞争力。我国农户平均经营规模只有近0.6公顷，相当于韩国和日本的1/3、欧盟的1/40、美国的1/400，即使将现有一半农村人口和劳动力稳定地转移出去，我国农业平均经营规模也只能达到户均1公顷。小农户长期存在是我国的基本国情农情，据第三次全国农业普查数据，截至2016年年末，我国有20 743万农业经营户，其中，小农户占98.1%。农业平均经营规模较小是我国农业基础竞争力不足的重要原因。我国大宗农产品生产成本与瑞士、欧盟及日韩接近，与美、加、澳等主要出口国差距不断拉大。加入世界贸易组织（WTO）时，我国主要农产品成本普遍低于美国，但近年发生逆转。2015年，我国玉米、棉花、大豆的成本分别为每吨2 151元、19 928元和4 564元，而美国分别为每吨994元、13 367元和2 274元，均大幅高于美国。

从农业劳动生产率来看，我国农业劳动生产率仅为世界平均水平的47%、高收入国家平均水平的2%、美国的1%。提高劳动生产率的关键是扩大经营规模和增加技术投入，实现农业现代化。从农业土地生产率来看，我国农业基础设施的建设和投资状况得到显著改善，但总体上仍较为薄弱，资金投入不足、后继管护缺乏、老化失修严重、经济效益低等问题突出，制约了农作物单产水平的持续提升。2018年，全国粮食作物单产375千克/亩，其中，稻谷单产提高，小麦单产下降，玉米单产持平。从农业科技进步贡献率来看，2018年我国农业科技进步贡献率达到58.3%，比2005年提高了9.9个百分点，但是与农业发达国家70%~80%的平均水平相比，仍存在着较大差距。

（二）农业支持保护体系亟待完善

随着农业农村经济发展主要矛盾发生改变，农业支持保护体系支持力度小、精准性不足、落实不到位、资金整合力度不足、基础设施投入少、粮食主产区投入少等问题日益突出。农业投入与生产补贴一般按照农户承包土地面积来计算，许多撂荒农民获得补贴，但通过土地流转真正进行规模种植的农业生产者无法获得，不利于种粮积极性的提高。农业补贴一般通过基层组织来执行，由于人员有限、监督监管力度不足，使农业支持保护政策未完全发挥出其应有的价值。我国现行农业补贴涉及面广、补贴环节多，财政支农资金分散于多个部门、交叉重合部分多、整合规划能力差，无法使有限的财政资金发挥最大的效果。农田水利基础设施薄弱问题仍没有得到根本解决。粮食主产区地方政府财政收入和农民收入低于全国平均水平，地方财政农业投入有限，主产区对主销区利益补偿与风险分担机制仍需完善。

（三）农业产业国际竞争力较低

尽管农业综合生产能力取得了长足进步，但我国农业弱势产业的现状还未改变，"四化同步"中农业仍为短板。主要体现在：第一，我国劳动力成本不断上升，而劳动生产率并未同步提高，劳动密集型农产品出口竞争力减弱。苹果汁、肠衣、羊绒等多种特色农产品出口量虽然排名世界第一，但面临的竞争压力明显增大。第二，多种农产品内外价差扩大。近年来，我国相当一部分大宗农产品进口不是因为国内短缺，而是受内外价差驱动，造成"国货入库、洋货入市""边进口、边积压"现象。数据表明，我国大宗农产品的生产成本比美国、澳大利亚等国高出很多，这是农产品内外价差不断扩大的根本原因。粮食价格过高，使加工业利润空间受到严重挤压，导致肉、奶等畜产品的内外价差也在不断扩大。第三，未来逐步实行的自由贸易零关税对我国农业形成巨大挑战。我国加入世界贸易组织（WTO）后，农产品平均关税仅为15%左右，不到世界平均水平的1/4。随着近年来我国自由贸易区建设步伐加快，在减税过渡期后，多种农产品均将实现零关税。若不加快提升我国农业竞争力，农业产业将受到较大冲击，农民持续增收将面临严峻挑战。第四，国内农业和食品加工业的供给与需求不匹配。我国居民消费结构升级较快，居民对农产品和食品的需求由传统的初级产品向多元、优质和安全的产品转变。国内农业和食品加工业的供给与需求不匹配，消费者对进口食品的需求不断增长。据统计，近10年我国进口食品年均增长率达17.6%。第五，产品质量标准、产后流通加工营销等环节竞争力不足。中国农产品质量安全标准普遍低于美、日、欧等主要出口市场，加入WTO以来频繁遭到技术性贸易壁垒，造成很大损失。中国果蔬产品在采摘、运输、储存等流通环节的损失率为20%~30%。中国农业生产专业化、现代化和标准化程度低，出口的主要是初级产品，附加值不高，不利于农产品出口企业形成核心竞争力。中国特色农产品由于没有形成自己的品牌和商标，无法在国际贸易中获得最优价格。

（四）保障农产品有效供给与保护农村生态环境之间矛盾突出

在粮食实现多年连增，农业快速发展、工业化和城镇化加快推进的背景下，我国农村环境和生态压力越来越大。根据2010年第一次全国污染源普查结果，农业面源化学需氧量、总氮、总磷年排放量已达1 320万吨、270.5万吨和28.5万吨，分别占全国排放总量的43.7%、57.2%和67.4%；农业内源性面源污染来源于养殖及种植过程中的各个方面，主要有：随着畜禽养殖业的发展，我国畜禽养殖规模不断扩大，然而养殖废弃物处理利用设施建设却严重滞后，大量粪污由传统农家肥直接转变成了污染物。我国化肥年使用量达到5 700万吨左右，是世界上化肥使用强度最高的国家之一，而化肥当季利用率仅为35%左右，根据第一次全国污染源普查结果，种植业源总氮流失占农业源总氮流失量的59.1%，成为引起水体富营养化的重要原因。我国是农作物病虫害频发、重发国家，目前化学防治仍是控制病虫害的主要手段，年化学农药使用量达 100 万吨以上（商品量），亩均使用量 500 克以上，而有效利用率仅 35%左右。过度依赖化学农药防病治虫，加之使用不科学、不合理，农药废弃包装物随意丢弃等，导致农药在土壤、水体等环境中不断富集。

（五）农民持续增收动力不足

实现农民收入持续增加、提高农民生活水平是解决三农问题的最终目标。随着我国经济发展进入了"新常态"，促进农民增收的外部环境与内在条件都发生了深刻变化。主要体现在：第一，传统小农户的家庭经营，市场信息不畅通，抵御自然风险和市场风险的能力较弱，使得单纯从事农业收入无法满足家庭需要。第二，由于从事农业比较效益低下，农民务农收入在农民总收入中所占比重下降。第三，外出务工的农民工由于文化水平较低、专业技能不足，一般从事劳动力密集型行业，工资性收入水平低下且收入来源渠道较为单一。而且近年来，在经济增速放缓、结构调整和产业转移等多重因素的影响下，农民工就业和工资水平增长也受到影响。第四，由于土地流转市场不完善，经营权未能充分放活，农民一般会将土地交由亲戚朋友耕种，收取较少的费用，不愿意把土地流转给农业企业、种植大户和农民专业合作社等其他经济组织，影响了农业适度规模经营。第五，农村宅基地、集体经营性建设用地等资产还未完全激活，农民财产性收入与城镇居民相比增加幅度极其有限。第六，农村集体产权制度改革仍处于起步和试点阶段，农民财产性收入所占比重仍较低。

（六）城乡资源要素平等交换和均衡配置仍存体制性障碍

城乡二元体制是城乡资源要素平等交换和均衡配置最主要的体制性障碍，尽管我国在破除城乡二元体制方面采取了一系列重大措施，但总体而言，城乡二元体制远未完全消除，城乡二元体制对劳动力要素配置的影响体现在两个方面：一是阻碍农村劳动力向城市流动，不利于城乡就业市场一体化程度的提高。这导致城乡之间劳动生产率和工资水平出现"非市场性"差异，也就是这种差异明显超过迁移成本，进城就业有利可图与农村仍有大量剩余劳动力并存。二是阻碍进城农民工平等就业，不利于城市就业市场的整合。虽然城乡之间的体制边界被逐步冲破、农民可以自由进城寻找就业机会，但城市就业市场上户籍劳动力与非户籍劳动力形成新的二元结构。表现为就业机会不平等、社会保障不平等、合同保障不平等。此外，城乡之间金融制度安排存在明显差异，不利于农民获得普惠的金融服务。如果说实现土地、劳动力、资金等生产要素在城乡之间的自由流动与平等交换，既取决于制度障碍的消除、又有赖于市场机制发挥作用，那么实现公共资源在城乡之间均衡配置则完全取决于体制障碍的消除。

（七）农业科技创新体制亟须改革

40年来，尽管中国农业科技产出了一大批科技成果，但依然存在几个突出问题。

1. 农业科技供需结构失衡，供给区域失衡

我国农业科技成果丰富，但大多数成果以高产为导向。而乡村振兴、农业供给侧结构性改革和农业高质量发展所亟需的节本、增效、绿色方面的科技成果供给不足。同时不同经济水平地区的科技成果产出能力存在巨大差异，与东部地区相比，中国农业占比大的中西部地区的农业科技供给、推广和转化能力不足，存在较大的区域不平衡。

2. 部分关键核心技术受制于人

对比国外先进技术，我国农业科技存在明显技术短板和潜在的受制领域，部分关键核心技术受制于人。农业领域短板技术主要有重大育种价值的关键基因挖掘、主要园艺作物优质品种国产化育种技术、畜禽核心种质育种技术、新化学实体农药兽药创制关键技术、新型肥料与化肥替代技术、农业传感器技术、智能化大型农机装备研发关键技术。从产业来看，畜禽种业是世界各国争夺的基础性、战略性产业，我国作为畜禽养殖大国，生猪、蛋鸡等畜禽养殖量居世界首位，但畜禽遗传育种核心种源80%依赖国外进口，部分核心种源如白羽肉鸡种源进口依存度达100%、种猪为90%、种公牛为70%。

3. 科技经济"两张皮"问题没有根本解决

国内研究成果转化率低。近年来，成果转化率仅为40%，与世界先进水平80%相距甚远。企业技术创新能力薄弱。企业研发机构少，普遍重生产、轻研发，重引进、轻吸收，重模仿、轻创新。产学研用紧密结合的体制机制尚未形成。产学研用结合链条上企业与高校院所协作不紧密、资源配置碎片化、条块分割孤岛化，科技评价唯论文、唯课题、轻应用等问题突出。科研机构评估评价体系尚不健全，所有评价都采取"一把尺子、一套标准"，最终形成了全国所有科研机构"一副面孔"的格局，严重误导了应用和开发型科研机构的发展方向，极大地挫伤了以产品、工艺、材料和品种为产出的科技人员的创新积极

性和主动性。

4. 农业科研机构体制改革迟缓

中央级科研单位面临"有钱打仗,无钱养兵"的困境,工资部分财政仅负担40%的比例。有些率先实行事业单位分类改革的地方科研单位,由于配套政策不到位,存在积极性下降的问题。各层级科研机构主体职能模糊,项目设置重复,农业科研机构出现"上下一般粗,左右皆兄弟"的局面,国家科研机构和高校都在积极竞争承担更多科研课题,中央和地方科研单位同时在高尖科技研究领域发力。

5. 科研投入结构和方式不尽合理

投资强度低,农业科技投入占农业GDP的比重,即农业科研投入强度为0.6%左右,低于农业发达国家水平,也低于世界平均水平。投入结构不合理,人员财政工资费用保障不足,2016年农业科研机构与农业高校的三项经费支出中人员劳务费仅占R&D经费的39.4%,远低于法国农科院74%的水平。投入方式不合理,稳定支持项目占科研机构项目经费的20%~40%,低于发达国家70%~80%的水平。

6. 研究生教育生源和质量均需提升

农科研究生教育生源质量不高,专业学位类型人才培养起步晚、发展缓慢,研究生培养科研实践多、实践经验相对匮乏。

四、我国农业农村发展未来思路和重点

中国农业农村经济已由高速增长阶段转向高质量发展阶段,正处在转变发展方式、优化经济结构、转换增长动力的攻关期。40年后改革开放再出发,推动农业高质量发展,实施乡村振兴战略,促进农业农村现代化,必须坚持新发展理念,坚持以供给侧结构性改革为主线,坚持以改革开放为动力,以实施乡村振兴战略为总抓手,重视提升"四力",加快推进"六化",加快建设现代产业体系、生产体系和经营体系,加快推动高质量发展,加快推动农业农村现代化进程,为推进国家现代化建设,为夺取新时代中国特色社会主义伟大胜利、实现中华民族伟大复兴的中国梦、实现人民对美好生活的向往作出新的贡献。

(一) 重视提升"四力"

1. 提升科技解决可持续发展能力

要依靠科技进步与创新，在耕地重金属污染防治、废弃物的综合利用等方面取得新突破。在政策创设上，从制约农业可持续发展的重要领域和关键环节入手，突出绿色生态导向，探索农业面源污染治理、农业高效节约用水等有效支持政策。切实谋划好节肥节药、养殖粪污处理、秸秆地膜利用等补贴政策。在机制创新上，要加强生态环境监测评价，推动将监测评价结果纳入政府绩效考核，落实地方主体责任。积极培育绿色生产的新型经营主体，将绿色发展作为示范家庭农场、农民合作社示范社创建的重要内容，支持新型经营主体发展的政策资金优先向采用绿色生产技术模式的主体倾斜。

2. 提升产业国际竞争力

农业产业竞争力是一国农业多环节产业链在国际市场上表现出来的综合竞争能力。提高农业竞争力，首先要夯实现代农业基础。拉长并加强农业产业链。在生产端，重点实行规模化生产，提升社会化服务水平，培育新型农业经营主体。在流通环节，统筹农产品集散地、销地、产地批发市场建设，构建产销一体化流通链条。在加工环节，延伸农产品下游深加工配套产业链条，提高产品附加值，实现初加工向精深加工发展。其次，要深挖特色产品发展潜力。各地区应围绕特色农产品生产，以科技创新为手段，探索出一条区域化布局、专业化生产、产业化经营、品牌化发展的特色农产品发展道路。最后，要培育新型经营主体，发展适度规模经营。新型农业经营主体是参与国际竞争的中坚力量。发展多种形式适度规模经营是降低生产成本、提高农业竞争力的重要手段。

3. 提升国际市场掌控力

应扩大中国农业对外开放，大力推进农业对外投资与贸易，充分利用国际市场资源，促进农产品贸易多元化进口。尽快建立跨部门的全球农业监测预警体系，加强全球农业数据调查分析，研发重要农产品供需预测模型，组建跨部门跨行业农业大数据分析团队，提升分析预警和调控能力。全面监控分析农产品生产、流通、消费等各个环节的信息数据，促进产销及时对接、平衡供需，进而有效减少农产品市场的大幅波动和价格的大起大落。鼓励企业走出去，建立稳定的国外农产品生产基地。龙头企业是参与国际竞争的主体，要加大对龙头企业的支持力度。龙头企业应熟悉和掌握国际贸易规则，加强农业对外投资与贸易，保障中国粮食安全。要充分利用国企优势，建立大型农产品贸易物流航母舰队。

4. 提升农业前沿领域与重大技术创新能力

要强化基础研究，超强部署前沿、交叉和农业高新战略产业研发，在世界农业科技前沿占有一席之地。针对质量兴农、绿色兴农、融合发展、创新发展的重大技术瓶颈，强力攻克核心关键技术和"卡脖子"技术。针对区域农业产业发展的重大科技问题与瓶颈，创新协同攻关方式，加快共性关键技术和区域关键技术研发。要提升区域农业协同创新水平，着力强化区域农业科技创新的系统集成，加快乡村振兴的科技供给。鼓励企业成为技术创新主体。政府在鼓励和引导企业创新方面，应考虑在金融、财税、科技计划、政府采购和其他方面制定政策鼓励企业成为创新主体。充分发挥国家战略科技力量的作用，健全国家实验室体系，构建社会主义市场经济条件下关键核心技术攻关新型举国体制。重点是尽快建立国家粮食安全实验室，确保"藏粮于技"。

（二）加快推进"六化"

1. 农业规模化

农业规模化是实现专业化、标准化和现代化的基础。随着农业技术装备条件的提高以及规模经营主体的发展崛起，农业规模化趋势也将加强。种植业方面，农村土地流转给农业规模化发展带来了新的活力。根据农业农村部公布的最新数据，截至2017年年底，全国承包耕地流转面积超过了5.3亿亩，超过承包耕地总面积的1/3，适度规模经营成为不可阻挡的潮流。养殖业方面，从非洲猪瘟疫情暴发加速我国养猪产业升级和技术升级的视角来观察，龙头企业和规模经营主体才是带动农业生产方式升级、提升农业规模化程度的主力，规模化是我国农业产业升级的必由之路。要开展土地承包权物权化、财产化、可退出、可继承等探索，建立破解农地细碎化长效机制。大力发展土地股份、土地托管和集体农场等形式的土地规模化经营模式，大力发展生产性社会化服务体系，促进服务规模化发展。大力推动一二三产业的有机融合与发展，延长产业链条，形成新产业和新业态与规模效应。

2. 农业绿色化

为适应市场需求、确保农产品品质和永续发展，未来农业生产必须向绿色生态可持续发展转变。大力开展有机肥（药）替代化肥（药）行动，尽量减少化肥、农药、兽药的过度使用，把农业生产成本降下来，把农产品质量提上去，把农业环境改善好。加大种植业秸秆和畜禽养殖废弃物综合处理，大力发展种养结合模式，以养定种、以养促种。大力推进三元结构改革力度，适度增加青贮玉米和牧草种植面积。加大畜禽养殖废弃物肥料化还田力度，尽量减少环境污染代价，促进农业可持续发展。要尽快建立绿色发展为目标的新型农业科技创新体系，加快研发出一批节水、控肥、减药、农机农艺相融合的农业新技术，为节本增效、绿色发展提供支撑。充分利用市场机制，以有机、绿色食品销售带动农业绿色发展。

3. 农业智能化

中国农业已经进入了大转型与大变革的关键时期，传统农耕"面朝黄土背朝天"的场景将逐步退出舞台，而以互联网、物联网为载体的智慧农业即将引领农业农村开启"变革时代"。要充分利用"5G"和物联网技术，进一步完善推进以电商为代表的农业新业态。加大农业传感器和农业机器人研发力度，强化大数据挖掘、自动识别、机器学习、深度学习等信息技术在农业领域的研究和应用。以区块链技术为支撑，加快构建新型农产品质量追溯和监控体系。充分利用空天地一体化等技术，加快智慧农场和智慧农业发展。

4. 农村集镇化

积极推进新型城镇化，加快农村集镇化建设，集镇化建设将是城市化建设的重要载体，是今后接纳和转移剩余劳动力的另一个阵地。要充分利用好当地集镇资源优势，结合实际情况合理规划集镇化建设。①做好小城镇与周边县市的衔接与规划。多数集镇是城市发展的结合点，是承接农村人口的聚集地。要注重城乡发展规划的整体性、系统性、前瞻性和集约性。推进省、市、县三层次的规划融合与协调，将促进农村人口向中心镇村集聚与城乡一体新社区建设有机统一起来，推动农村集镇发展。②改善地区、县级城市基础设施和公共服务体系建设。积极推进新型农村社区化建设。将集镇所在地的村设立为社区服务中心，承担起更多的公共服务职能，为集镇建设创造更多的条件。进一步完善基础设施，合理规划吸引民资自筹自建，带动第三产业和旅游观光发展。③大力发展特色乡镇。有条件的镇可以结合各自特色，大力发展一村一品、一乡一业，或依托县域旅游经济，打造特色街区、特色小镇等。④优先推进农房改造、污水治理和垃圾处理。按照科学规划布局美、村容整洁环境美、创业增收生活美、乡风文明身心美的要求，着力推进集镇生态人居体系和生态环境体系建设。加快农房改造建设步伐，引导自然村及周边行政村的农村人口到新市镇（中心镇）和新社区（中心村）集中居住。统筹推进集镇给排水、供电、道路、绿化及垃圾处理、污水治理等基础设施建设，全面改善生态环境和人居环境。

5. 农村再工业化

农村工业化包括两个方面的内容，即农业生产工业化和农村发展工业生产。农村再工业化的本质就是要农村重归实体经济，避免出现农村产业结构空洞化，是加快农村地区经济市场化进程及提高农民收入的重要推动力。第一，大力发展农产品加工业。一种方式是延长农业产业链，另一种方式是拓宽农业产业链。重点是加强农村地区的农产品加工业发展，不仅可以优化产业结构，而且可以破解农产品滞销问题，带动农民增收；同时还可以解决农村大量剩余劳动力工作的问题，缓解社会压力。应大力支持农村地区发展农产品初加工、精深加工、综合利用加工、主食加工等产业。推进一二三产业的深度融合，尤其是要提高农产品加工的深度和增值程度。第二，鼓励工业和机构下乡。当期，许多地区鼓励市城区工业企业"退城进园"，促进产业集聚，调整优化产业和城市布局。要抓住契机，将"退城进园"与"退城进村"相结合。统筹考虑各地的区情民意，根据不同类型发展村庄的资源优势、产业基础等，以退为进，带动劳动力和资本的城乡间移动，让城里的产业下乡、企业下乡、机构下乡、公共服务下乡。第三，加快城镇人才、资金回流。要探索集体成员身份多样化，消除人才回流乡村顾虑。将农村社区居民分为有集体土地股份的成员和无集体土地股份的成员，打通城乡户籍壁垒，为更多人才投身现代农业、带动小农户发展提供制度安排。积极引导工商资本到乡村发展合适的产业，强化其与小农户的利益链接。在符合政策条件和保证小农户基本收益的前提下，鼓励和引导工商资本和相关企业以设备、资金、技术等入股，小农户和村集体以土地资源等入股，联合成立股份公司，发展现代化的种养殖、乡村生态观光旅游等项目。

6. 公共服务均等化

加强城乡公共服务均等化，为实现城乡一体化奠定物质基础。要增加公共服务在乡村的供给，同时要增强公共服务在城市、县城、小城镇和乡村之间的同步性，稳步提高城乡基本公共服务均等化的水平。①加快推进城乡公共教育均等化。推动建立以城带乡、整体推进、城乡一体、均衡发展的义务教育发展机制。积极发展"互联网+教育"，推进乡村学校信息化基础设施建设。②强化农村公共卫生服务，加强慢性病综合防控，推进农村地区精神卫生、职业病和重大传染病防治。加强基层医疗卫生服务体系建设，支持乡镇卫生院和村卫生室改善条件,切实加强乡村医生队伍建设。深入推进基层卫生综合改革,完善基层医疗卫生机构绩效工资制度。③加快推进城乡社会保障均等化。完善城乡居民基本养老保险制度,建立城乡居民基本养老保险待遇确定和基础养老金标准正常调整机制。统筹城乡社会救助体系,完善最低生活保障制度,做好农村社会救助兜底工作。健全农村留守儿童和妇女、老年人以及困境儿童关爱服务体系。加强和改善农村残疾人服务。

五、促进农业农村发展的政策建议与保障措施

要坚持农业农村优先发展,始终把解决好"三农"问题作为全党工作重中之重,将乡村振兴战略作为新时代"三农"工作总抓手,重点从以下六方面促进农业农村发展。

(一) 充分发挥比较优势,走差别化竞争发展之路

目前,我国农业劳动生产率的提升有很大潜力,要尽快立足于资源禀赋和产业优势,走差异竞争化发展的道路,大幅度提升农产品竞争力。在平原广袤地带,采用现代技术手段进行规模化粮食生产,走种粮规模化发展道路。按照"稳北、强南、拓西"的战略思路优化粮食生产布局,确保国家粮食安全。

充分发挥区域比较优势,优化农业区域化布局。大力培育区域农业优势产业和优势产品,构建现代农业产业链,形成农业区域化布局和专业化分工;深度挖掘各区域特色资源潜力和市场优势,发展区域特色农业,形成特色优势产业带。

(1) 东北地区以粮食生产和林区特色农业为主,是中国重要的农林特产品基地、重要的粮食主产区和调出区,农业机械化程度高。需以优化农业水土利用结构,完善现代农业产业体系,全面提升现代农业综合生产力和竞争力为主。

(2) 京津冀地区农业机械化、产业化水平较高,设施农业生产优势明显。该区适宜发展节水高效农业、精准农业和智慧农业。

(3) 黄淮平原地区是中国传统农区,耕地条件好,肩负着国家粮食安全重任。该区宜建成全国粮、棉、肉等大宗农产品重要生产基地,创新现代农业经营模式。

(4) 江南地区,地势平坦,水网密布,土地肥沃,农业发展条件好,是中国重要的水稻、棉花、油菜产区,设施农业较发达。该区作为城镇优化开发区

域，又是农业重点开发区域，适宜开发生态、绿色、优质农产品，大力发展农业观光旅游业，带动农业结构调整与农村经济转型发展。

（5）东南沿海地区，是中国重要的水产品养殖和经济作物种植区域。适宜发展壮大现代海洋经济，大力发展外向型、都市型、高品质的多功能型现代农业。

（6）西北部地区土地资源、光照资源丰富，特色林果、畜牧资源、生态杂粮产业有雄厚的基础。该区亟须推广节水保育技术，生态保育是该区农业主导地域功能，要基于资源环境承载力适度发展特色现代农业，以现代农牧业、生态旅游业发展带动农牧民就业与增收。

（7）西南地区农业类型多样、自然资源丰富。该区宜充分发挥原产地生态优势，"农林果药"多元并举，推进适用于西南山地丘陵区农业生产的中小型机械化设备，加快特色农产品基地化生产和加工贸易，稳定提高农民就业能力和增收水平。

（二）深化农村土地制度改革，大力发展土地股份合作和集体经济

针对当前我国农业土地经营规模小、耕作细碎化特征，大力推进多种形式的适度规模经营。

（1）深化三权分置的土地制度改革，规范流转程序，建立土地交易平台，切实维护农民土地合法权益。

（2）大力发展耕种、施肥、打药、收割等社会化服务组织，充分发挥"农户家庭经营＋社会化大服务"的协助优势，大力提高粮食市场竞争力。

（3）多措并举推进土地股份合作社发展，加大财政税收、基础设施建设、金融信贷、保险、人才培养等多方面政策对粮食土地股份合作社的支持力度，加快提升粮食生产土地规模化经营水平。

（4）加快推进农村宅基地改革。加快推进宅基地的确权工作，重点围绕农村宅基地"三权分置"，拓展改革试点，丰富试点内容，探索适度放活宅基地和农民房屋使用权的有效途径。

（5）深化供销合作社改革。拓展供销合作社经营服务领域，支持供销社开展农技推广、土地托管、代耕代种、统防统治、烘干收储等农业生产性服务，以及为农业经营主体提供农资供应、配方施肥、农机作业、统防统治、收储加工等系列化服务，推动农业适度规模经营。

(三) 扎实推进符合高质量发展要求的农业技术推广和教育体系建设

（1）推广主体多元化、实力均衡化。在科技推广方面，在保障现有政府推广部门的主导力量的前提下，充分发挥龙头企业、合作组织、科研院校、返乡能人等主体对推广农业科技的重要作用，完善多元科技推广体系的建设。

（2）建立农业科技普及教育服务体系。在发展正规高等和中专农业教育、农业科技人员继续教育的同时，还必须大力发展和普及广大农民的科学技术教育。它是农业普通教育的重要补充，这不仅是关系到改变我国广大农民智力结构的问题，而且是关系到农业现代化的战略问题。要健全和完善县、乡镇科学技术推广普及网络，使农业科技信息普惠共享；要加强农村科普活动场所和科普阵地建设，在农村建设一批较高水平的科普教育基地和科普实验基地；要加强农民的义务教育和实用技术培训。

（3）加强农业研究生教育和职业教育。农业专业学位研究生教育是最高层次职业教育的要求，是农业发展方式的转变对高层次人才的内在需要，是高学历新型职业农民的现实需要，是促进"农民"由身份向职业转变的重要手段。加强农业高校与科研院所深入参与新型职业农民的培育，有利于农业专业学位与职业资格的衔接，有利于联合培养基地的建设，有利于更多经费支持。

（四）深入落实农业农村优先发展的总体制度安排

（1）建立农业农村优先发展的规划约束机制。调整重城轻乡的发展布局，以城乡均衡发展为目标重新制定国土空间规划、城乡建设规划、区域与产业发展规划，以"产城融合、产村融合"激发乡村内生发展活力。

（2）建立财政支出优先保障农业农村项目的激励约束机制。切实落实财政预算优先安排农业农村投入，确保投入比重优先增长。着力提高财政支农资金的整合效率，有效增强投入效益效能。拓宽资金筹集渠道，加大对农业农村的支持力度。

（3）建立保障国家粮食安全的制度政策。研究制定粮食"价补分离"政策，在保护农民利益前提下，推动最低收购价、临时收储和农业补贴政策逐步向农产品目标价格制度转变。完善粮食产区利益补偿机制，增加中央财政对粮食大县的奖励资金，避免粮食大县变成财政穷县。创新粮食储备机制，完善粮食经营者库存制度等。

（4）完善生态环境保护法律体系和执法司法制度。加强农业农村环境污染防治。建立对农业农村生态功能的补偿机制。加大财政对农业和生态功能区的支持，支持生态化产品发展，促进生态资源价值的充分实现。

（5）打通金融服务"三农"各个环节。把农业农村作为金融优先服务领域，切实落实涉农贷款业务差异化监管制度，强化县域金融机构对农信贷投放的激励约束，实现普惠性涉农贷款增速总体高于各项贷款平均增速。加快农产品期货、期权、保险等产品的创制力度。结合目标价格改革，在充分吸收国外经验的基础上，对粮食开展收入保险试点。

（五）着力提升乡村治理体系和治理能力专业化，为优先发展农业农村提供保障

（1）加强农村基层党组织建设。加强农村基层党组织带头人队伍建设，加大从本村致富能手、外出务工经商人员、本乡本土大学毕业生、复员退伍军人中培养选拔力度，全面向贫困村、软弱涣散村和集体经济薄弱村党组织派出第一书记，建立长效稳定机制。

（2）促进自治法治德治有机结合。深化村民自治实践，加强农村群众性自治组织建设，完善农村民主选举、民主协商、民主决策、民主管理、民主监督制度，形成民事民议、民事民办、民事民管的多层次基层协商格局。推进乡村法治建设，提高农民法治素养，引导干部群众尊法学法守法用法，维护村民委员会、农村集体经济组织、农村合作经济组织的特别法人地位和权利，健全农村公共法律服务体系，加强对农民的法律援助、司法救助和公益法律服务。提升乡村德治水平，深入挖掘乡村熟人社会蕴含的道德规范，强化道德教化作用，建立道德激励约束机制，引导农民自我管理、自我教育、自我服务、自我提高。

（3）加快夯实农村基层政权。加强基层政权建设，科学设置乡镇机构，实行扁平化和网格化管理，推动乡村治理重心下移，构建简约高效的基层管理体制。创新基层管理体制机制，明确县乡财政事权和支出责任划分，推进乡镇协商制度化、规范化建设，创新联系服务群众工作方法，推进直接服务民生的公共事业部门改革。开展农村基层减负工作，集中清理对村级组织考核评比多、创建达标多、检查督查多等突出问题。

（六）深化农业科研机构改革，着力新型创新体系建设

（1）深化农业科研机构改革，进一步明确其职能定位。加快推进农业科研事业单位分类改革，将农业科研机构明确定性为公益性事业单位，并允许有科技成果转化收入。明确农业科研机构职能定位，中央级科研机构要承担战略性科研任务，地方科研机构主要承担区域性农业科研工作，高校要更多承担基础性农业科技研究及农业科研人才培养任务。增加科研机构自主权，充分调动科研院所的创新活力与积极性。

（2）优化农业科技投入方式，提升资金利用效率。持续加大政府农业科研投入，2020年农业科技投入强度由0.6%增至1%，2035年达到2%，2050年达到2.5%。建立农业科技投入稳定增长机制，对国立科研机构实行"稳定支持+任务委托"的投入方式，稳定经费保持在70%以上。强化企业研发投入，将农业企业研究开发费用税前加计扣除比例由现行的50%提高到100%以上。增加全社会农业科技投入，设立农业科技创新基金，基金中的60%用于农业公益性科技事业，40%用于农业科技市场化资源配置。

（3）以我为主，着力提升农业科技层次水平。推进"以我为主"的农业领域的国际大科学计划。立足我国农业科技优势特色领域，衔接现有国家重大研究布局，牵头具有合作潜力的项目，充分利用现有基础设施和优势，吸引全世界农业科技领域人才共同参与，实现科研创新和资源开放共享。继续参与他国发起或多国共同发起的大科学计划，与我国牵头组织的大科学计划互为补充。

（4）按照"构筑大平台—汇聚大团队—争取大项目—创造大成果"思路，整合国家、省级及地方资源，实现重点学科、重大项目和重点平台的有机融合，初步形成国家级重点实验室、省部级平台、工程技术研究中心和现代农业科技园区等全产业链科技创新平台体系，科研水平和国际影响力大幅跃升，若干实验室成为世界最重要的科学中心和高水平创新高地，为建设世界科技强国提供有力支撑。

研究报告 1

40 年农业农村改革发展和未来政策走向

（中国农业科学院　陈萌山　王汉中　王济民　郭静利　孔凡丕
孙翠清　崔奇峰　王祖力）

  肇始于 1978 年的农村改革，对后来的经济社会发展带来了持续深远、意义非凡的影响，从"大包干"到土地制度改革、农产品购销体制改革、鼓励创办乡镇企业、改革农村税费制度、推行精准扶贫和脱贫攻坚战略等，农业农村改革波澜壮阔、成效斐然，推动我国农业生产、农民生活、农村面貌发生了巨大变化，为我国改革开放和社会主义现代化建设作出了重大贡献。我国农村改革的成功实践，不仅为全国整个经济转轨、社会转型探索了道路，也为世界一些国家的土地制度改革、促进农村发展提供了有益借鉴。

  40 年的改革与发展为农业农村现代化提供了物质基础，并创造了制度条件。但改革没有休止符、改革发展只有进行时。正如习近平总书记所讲，"新时代全面深化改革决心不能动摇、勇气不能减弱""改革开放是决定当代中国命运的关键一招，也是实现中华民族伟大复兴的关键一招"。目前，城乡融合互动的体制机制依然不畅，要素没有实现双向自由流动；城乡收入消费差距依然存在，农村公共服务总量不足、结构性矛盾突出；乡村治理体系不完善，治理能力现代化程度有待提高；农业现代化进程相对滞后，与工业化、城镇化和信息化还有不小差距。与建设现代化强国的目标相比，中国发展不平衡不充分的矛盾主要在农业农村方面。本研究对中国农村改革 40 年的历程、成就和经验作一个回顾，总结提炼农村改革的主要经验，分析今后一段时期全面深化农村改革面临的主要问题，并提出下一步农村改革深化拓展的方向。

一、农业农村改革发展 40 年回顾

中国农村改革阶段是以改革不断深入的程度进行划分的,并结合不同时期改革的主要制度,包括农村基本经营制度改革、经济体制改革、农产品流通体制改革、城乡发展一体化制度改革、农村机制体制创新等。共分为六个阶段,分别是探索突破阶段、拓展深入阶段、重点推进阶段、结构调整阶段、城乡统筹阶段以及全面深化阶段。

(一) 探索突破阶段 (1978—1983 年)

1978 年,十一届三中全会的召开正式拉开了我国农村改革的大幕,部分地区率先试行了"包产到户"与"包干到户"等不同类型的农业经营形式,家庭联产承包责任制逐步得到推广与确立。

1. 家庭联产承包责任制开启了农村改革的序幕

1982 年中央"一号文件"首次以中央名义明确提出包产到户和包干到户"都是社会主义生产责任制"。1983 年第二个中央"一号文件"对家庭联产承包责任制给予高度评价,正式从理论上阐明了家庭联产承包责任制"是在党的领导下中国农民的伟大创造,是马克思主义农业合作化理论在我国实践中的新发展"。至此,以"交够国家的,留够集体的,剩下都是自己的"为特征的家庭联产承包责任制在我国确立和实施。家庭联产承包责任制使农村释放出了巨大活力,解决了农产品供给激励机制缺乏问题,促进了农业的增产和农民的增收。据统计,农村改革探索突破阶段,我国粮食总产量由最初的 30 476.50 万吨增长到了 38 727.50 万吨;人均粮食占有量也由 1978 年的 319 千克/人增加到 1983 年的 378.45 千克/人;农民人均纯收入在扣除价格因素后由 133.60 元/人增加到 1983 年的 309.80 元/人。

2. "乡政村治"格局稳定了农村社会

家庭联产承包责任制在全国范围内的推广及国家对农产品市场价格的初步探索,开始不断冲击着僵化且失去活力的人民公社制度。1979—1982 年,全国 9 个省(市) 213 个公社开展"政社分开"试点工作,其中有 5 个县全部建立了乡政府。在总结各地实践经验的基础上,1982 年,宪法赋予村民委员会作为农村基层自治组织的法律地位,并明确了其性质和权利。1983 年 10 月,中共中央、国务院颁布《关于实行政社分开建立乡政府的通知》,实行"政社分开"，规定建立乡（镇）政府作为基层政权，成立农村居民委员会作为群众性的自治组织。至此开始，我国农村地区正式形成"乡政村治"的治理格局，理顺了政府和群众的关系，调动了农民生产的积极性，为农村社会的稳定和农村经济的发展发挥了不可替代的作用。

该阶段重点要解决的核心问题是土地生产的集体主义、分配的平均主义。通过土地的"包产到户，责任到人"，突破了旧的农业生产体制，确立了家庭联产承包责任制。相应地，为破除"一大二公""大锅饭"的平均主义，适应经济体制改革，开始开展"政社分开"试点工作，在总结经验基础上，开始在农村建立乡政府，成立村民委员会，政社相应分开，并赋予其法律地位。由此，"乡政村治"的建立改变了我国农村旧的经营管理体制，重塑农村基层社会组织，促进了经济的增长，给中国40年经济发展和结构转型创造了最基本条件。

（二）拓展深入阶段（1984—1991年）

针对家庭联产承包责任制产权不明确和分散化经营的问题，国家决定延长土地承包期，允许土地在符合一定条件下流转，并且把家庭联产承包责任制作为我国的一项基本制度长期稳定下来。由于土地政策的松动，农村各类经济主体开始踏上发展的快轨，农民开始在集体土地上兴办工厂，成立企业。

1. 家庭联产承包责任制的完善进一步促进了农业发展

为使农地产权更加稳定，增加农户长期投资，1984年的中央"一号文件"明确地指出将延长土地承包期到15年。1991年颁布的《中共中央关于进一步加强农业和农村工作的通知》提出，"把家庭联产承包为主、统分结合的双层经营体制，作为我国乡村集体经济组织的一项基本制度长期稳定下来，并不断充实完善"。"家庭联产承包责任制"的完善进一步增加了农民收入，促进了农业发展。据统计，农村居民家庭平均每人纯收入从1984年的355.3元/人增加到1991年的708.6元/人，粮食产量从1984年的4.1亿吨增加到1991年的4.4亿吨，农林牧渔业总产值从1984年的3 214.13亿元增加到1991年的8 157.03亿元①。

2. 农产品市场化改革激发农产品市场活力

1985年中央"一号文件"提出，除个别商品外，国家不再对农产品实行

---

① 数据来源：《中国统计年鉴》。

统购派购，按照不同情况分别实行合同定购和市场收购，即价格"双轨制"。各种农副产品工业大幅增加，农产品品质也有了很大提高。据统计，水果产量从1984年的984.53万吨增加到1991年的2 176.13万吨。肉类产量从1984年的1 540.60万吨增加到1991年的3 144.40万吨。水产品总产量从1984年的619.34万吨增加到1991年的1 350.78万吨。

3. 乡镇企业助力我国经济社会发展

1985年中央"一号文件"明确了对乡镇企业实施信贷、税收等优惠条件。自此，乡镇企业进入了黄金发展时期。习惯上将1984—1988年作为乡镇企业全面快速发展阶段。乡镇企业的发展使农民实现了"离土不离乡"。据统计（图1），1984—1988年，乡镇企业吸纳农村剩余劳动力9 545万人（陈锡文，2018）。所以，乡镇企业的助力是当时我国经济社会发展一个不可忽略的重要因素。

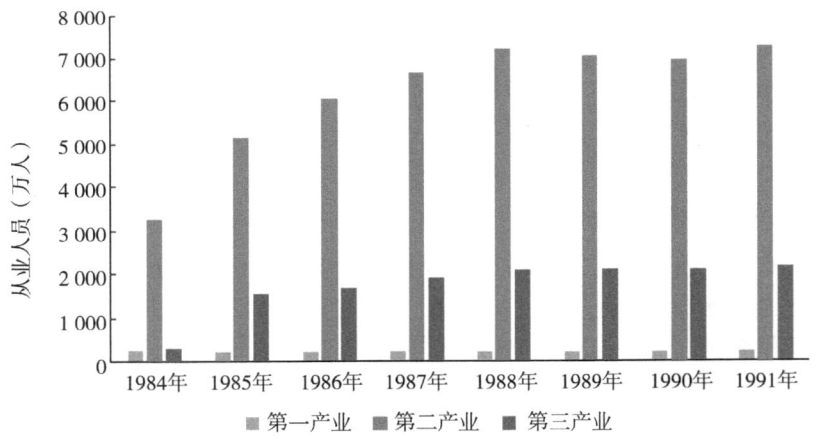

图1　1984—1991年乡镇企业从业人员变化情况

数据来源：《中国乡镇企业统计资料》。

该阶段重点要解决的核心问题是继续完善家庭联产承包责任制，加快农产品市场化改革和促进乡镇企业发展。通过延长土地承包期，把家庭联产承包责任制作为一项基本制度稳定下来，从而确立了家庭联产承包责任制的制度地位。通过家庭联产承包责任制的完善、农产品市场化改革和乡镇企业发展进一步扩展深化了农业农村各项改革，促进了农业农村发展。

(三) 重点推进阶段 (1992—1998年)

中共十四大正式确立了中国建立社会主义市场经济体制的改革目标,改革进入了一个新的历史发展阶段,农村改革也开始转向建立社会主义市场经济体制。农产品供给实现了由短缺向供求基本平衡、丰年有余的历史性转变,为我国农业农村经济发展步入重点推进阶段奠定了坚实的基础(万宝瑞,2018)。

1. 农村劳动力转移解决了就业问题

1993年党的十四届三中全会的召开,更加强调改革开放,并指出,"鼓励和引导农村剩余劳动力逐步向非农产业转移和地区内的自由流动",进一步促进了农村剩余劳动力向城市的转移就业,开启了从"离土不离乡"到"离土离乡"的模式。此时,国家采取改革中小城市和城镇户籍管理制度等措施,引导农村劳动力有序转移就业。根据国家统计局统计,1992年在城市的农民工有4 600万人,到1998年已达到1亿人左右。

2. 农产品购销体制改革推动了整体市场化进程

十五届三中全会确定了"按照高产优质高效原则,全面发展农林牧副渔各业;重点围绕农副产品加工和发展优势产品,调整、提高农村工业;结合小城镇建设,大力发展第三产业"。全国开始调整优化农业和农村经济结构,初步建立了农产品市场体系,逐步取消产品统派购制度,相继建立了农产品收购保护价政策,扩大了农产品市场调节范围。国家逐步放开了农业生产资料由供销社单一渠道供应的管制,允许各类主体经营种子、化肥、农药等。1998年《国务院关于深化化肥流通体制改革的通知》发布,其主要内容就是改变国家对化肥流通的直接计划管理,强调发挥市场配置化肥资源的基础性作用,取消了国产化肥指令性生产计划和统配收购计划。

该阶段重点要解决的核心问题是加快农村剩余劳动力转移就业和深化农产品购销体制改革。为适应城镇化进程,统派购制度取消,建立了农产品收购保护价政策,农业生产资料的供给也呈现多元化。通过农村剩余劳动力的转移,为城市提供了大量廉价的劳动力,进一步促进经济的发展,也增加了农民的收入。

(四) 结构调整阶段 (1999—2003年)

城市改革经过十多年快速发展,城乡发展严重失衡,农业生产环境出现复杂局面,农民收入增幅连续几年低速徘徊在4%以下,严重影响到了小康社会建设进程（万宝瑞，2018）。

1. 农村税费改革调整了工农发展关系

为缩小城乡收入差距，切实解决"三农"问题，减轻农民负担，保持农业、农村的健康稳定发展，我国开始实行农村税费体制改革。2000年，中共中央、国务院以安徽省为试点，正式启动了农村税费改革工作。在总结试点经验的基础上，2002年3月将改革试点扩大到16个省（直辖市、自治区）。2003年3月，国务院发布《关于全面推进农村税费改革试点工作的意见》，进一步完善了农村税费改革的相关制度、配套措施。农村税费改革后，全国人均减税额73.4元，减负率50.6%，其中浙江省农民人均减税额58元，减负率63%，下降幅度最大（骆惠宁，2004）。

2. 加入WTO推进农业对外开放

2001年我国正式加入世界贸易组织（WTO），农业对外开放的广度和深度不断得到拓展，农业价格政策和投资政策逐步适应WTO规则要求，农业全面对外开放的格局逐步形成。其中有两个重要表现，其一，逐步削减农产品关税，取消进口非关税措施，对粮食、植物油、棉花、食糖、羊毛等重点农产品进口实行关税配额管理。其二，调整农业国内支持和出口补贴政策。根据加入谈判承诺，逐步建立完善符合世贸组织规则的农业支持补贴制度与政策体系，将国内支持中的黄箱补贴上限约束在8.5%，取消所有农产品出口补贴。

3. 农村土地流转促进农业、农村经济发展和农村社会稳定

为适应当时的农业发展趋势，2002年颁布《中华人民共和国农村土地承包法》，用法律形式"赋予农民长期而有保障的土地使用权"，维护农村土地承包当事人的合法权益。2002年12月，中共中央政治局会议首次提出要把农业、农村、农民问题作为全党工作的重中之重。2003年1月，中央农村工作会议召开，进一步明确了"三农"工作的"重中之重"，"三农"工作在新世纪初拉开了突破性前进的序幕。

该阶段重点要解决的核心问题是减轻农民负担，保持农业、农村持续健康发展。通过农业税费的改革切实增加了农民收入，缩小了城乡收入差距。通过加入WTO，我国农业补贴支持保护政策越来越与国际接轨。通过农村税费改革、加入WTO和颁布《农村土地承包法》促进了我国农业对外开放的步伐，减轻了农民的负担。"三农"问题得到了党中央的高度重视，成为全党工作的重中之重。

(五) 城乡统筹阶段 (2004—2012 年)

2004年年底，党中央根据农民收入增速放缓，城乡发展严重失衡的新形势，提出把解决好"三农问题"作为全党工作的重中之重，从统筹城乡发展的战略高度，确立了工业反哺农业、城市支持农村的发展方略（方言，2018），农村改革进入了城乡统筹的新阶段。在此背景下，农村社会保障制度也在不断完善。

1. 以工促农、以城带乡实现工业与农业、城市与农村协调发展

2004年中央"一号文件"重新锁定"三农"，实行以"取消农业税、工业反哺农业、扭转城乡居民收入差距扩大趋势"为主要内容的农业新政。在中央一系列重要政策指导下，以工促农、以城带乡、工农互惠、城乡一体的新型工农城乡关系重新建立。2011年年底，中国城镇化率首次超过50%，达到了51.3%，意味着中国超过一半的人口生活在城镇而不再是农村，几亿农民的生活至此彻底改变（魏延安，2018）。继而党的十八大提出"促进工业化、信息化、城镇化、农业现代化同步发展"要求，这是新时期解决我国经济社会发展深层次问题的路径选择。

2. 取消农业税为农村经济社会发展注入活力

为进一步减轻农民的农业税收负担，2006年实现了全面取消延续两千多年的农业税，国家与农民的关系实现了由"取"到"予"的转折。不仅如此，对种粮农民实行直接补贴，对部分地区推广良种和购买农机具进行补贴，极大地调动了农民的生产积极性；加大对财政困难县和产粮大县的财政转移支付力度，增强了地方政府发展粮食生产和解决实际困难的能力。据统计（熊晶白等，2011），2006年取消农业税，农民不但直接减轻了原有300多亿元的农业税负担，而且减轻了700多亿元的"三提五统"和农村教育集资等负担，还减少了约250亿元的各种不合理收费，共减轻农民负担约1 250亿元，每个农民减负120元左右，增加了农民可支配收入，扩大了农村有效需求，调动了农民的生产积极性，为农村经济社会发展注入了活力。

该阶段重点要解决的核心问题是缩小城乡收入差距，加大对农业的补贴，实现工业与农业、城市与农村协调发展。通过取消农业税、加大对农民种粮补贴和农机购置补贴，以及中央的财政转移支付，进一步减轻了农民的负担，促进了农业经济发展、农民收入增长，缩小了城乡收入差距。

（六）全面深化改革阶段（2013年至今）

党的十八大以来，农业农村的综合型改革不断深入。在这一时期，改革的战略地位和作用进一步提升和凸显。新一轮农村改革具有明显以问题为导向，市场为突破，在完善承包经营权、精准扶贫、促进城乡融合发展、推动农产品市场化改革等方面取得了显著成效。党的十九大报告提出实施乡村振兴战略，开启了农业农村发展的新篇章。

1. 土地制度改革催生新型农业经营组织不断发展

2013年提出全面开展农村土地确权登记颁证工作，计划用5年时间完成确权颁证工作。2016年，国务院颁布《关于农村土地所有权承包权经营权分置办法的意见》，将农村土地产权中的土地承包经营权进一步划分为承包权和经营权，实行所有权、承包权和经营权的分离。三权分置改革突破性解决农民的财产权、经营权的问题。促使家庭农场、合作社、社会化服务组织、企业等多元新型农业经营组织不断生成发展。

2. 精准扶贫为橄榄型社会新格局积累了条件

2013年11月，习近平在湖南湘西考察时指出"因地制宜发展才是真正的发展，是人民群众脱贫的根本保证"。精准扶贫战略理念开始初步形成。2015年11月23日，《关于打赢脱贫攻坚战的决定》正式把精准扶贫作为中国扶贫事业的基本方略。在一系列方针政策的指引下，近年来我国减贫事业成效显著，现行标准下农村贫困人口由2012年的9 899万减少到2017年的3 046万，贫困县由832个减少至679个。中共十九大报告中再次提出要坚决打赢脱贫攻坚战，将脱贫攻坚战略确定为三大攻坚战之一。

3. 推进城乡公共服务均等化缓解了城乡二元结构

党的十八大指出，要坚持把国家基础设施建设和社会事业发展重点放在农村。"十三五"规划纲要提出到2020年全面建成小康社会，促进城乡公共资源均等配置，健全农村基础设施投入长效机制。截止到2016年年末，中国农村地区的住房拥有率、经净化或受保护的饮用水比例、可集中供水或部分集中供水的乡镇比例、已通公路的村子比例、拥有医疗卫生机构的乡镇比例均达到或接近90%①。农村实现村村通电话、乡乡能上网、广播电视基本全覆盖。农村教育基础设施继续改善，农村医疗卫生服务体系进一步健全。新型农村社会养

---

① 数据来源：第三次全国农业普查主要数据公报（2016年）。

老保险与城镇居民养老保险逐渐开始并轨,基本实现制度全覆盖。

4. 乡村振兴战略深化农村改革

在正确判断当前的工业化城镇化发展阶段,充分认识到当前城乡发展不平衡不充分等问题基础上,提出实施乡村振兴战略,以实现农业农村现代化为总目标,坚持农业农村优先发展为总方针,并提出了产业兴旺、生态宜居、乡风文明、治理有效、生活富裕的总要求,以建立健全城乡融合发展体制机制和政策体系为制度保障,作为指导未来农业农村现代化发展的指导性方针,乡村振兴成为新时期做好"三农"工作应遵循的纲领性思想。

该阶段国家不断出台各项精准扶贫政策,贫困人口和贫困发生率显著下降。而且,通过不断加大对农村基础设施的投入,公共服务体系不断完善,推进了城乡公共服务均等化。

二、农业农村改革发展主要成就

通过以工补农、以城带乡以及精准脱贫政策、推进城乡公共服务均等化,使我国农业农村发展取得了世人瞩目的显著成就。

(一)农业物质技术装备条件明显改善,提高和丰富了居民食物消费水平与结构

农业农村改革40年来,实现从传统农业向现代农业的大跨步转型(宋洪远,2018)。第一,农田基础设施条件显著改善。高标准农田建设稳步推进,2011—2017年全国建设高标准农田约5.6亿亩,耕地质量提升一到两个等级,粮食产能提高10%~20%;大中型灌区续建配套与节水改造和中小型农田水利设施建设成效显著,全国有效灌溉面积从1978年的4 496.5万公顷增长到2017年的6 785.1万公顷,增幅达50.89%。第二,农业科技创新和技术推广持续强化。建立了庞大且学科分类齐全的公共农业科研体系和覆盖全国所有乡镇的国家农业技术推广体系,2017年农业科技进步贡献率达到57.5%;农业科技投入不断增加,从1978年的7.2亿元提高到2015年的550亿元(黄季焜,2018)。第三,农业机械化和信息化水平明显提升。水稻栽植、玉米和马铃薯收获等环节机械化作业水平明显提高,主要农作物耕种收综合机械化水平超过65%,其中小麦基本实现全程机械化;实施"互联网+"现代农业行动,现代信息技术在农业生产、经营、管理和服务中得到广泛应用,农业信息监测预警体系初步

建立。第四，防灾减灾能力大幅提高。1978年全国农业成灾面积曾高达2 445.7万公顷，2017年则降至920.1万公顷，仅为1978年的37.62%。

农产品供应能力的大幅提高，极大地丰富了居民食物消费种类，改善了居民食物消费结构（马晓河 等，2018）。据FAO数据（表1），从居民消费总量看，2013年与1978年相比，我国谷物消费量增长45.98%，食用油消费量增长3.42倍，猪肉消费量增长5.29倍，其他肉类及蛋奶制品消费量涨幅均超过10倍。据国家统计局数据①，2017年与2013年相比，仅粮食消费量减少12.50%，其他主要食物消费量均持续增长，其中，猪肉增加3.77%，牛肉增加20.96%，羊肉增加30.82%，禽类增加20.83%，蛋及其制品增加19.42%，奶及其制品增加5.90%。从总体上看，我国居民食物消费中粮食等主食消费量大幅减少，肉蛋奶等动物性食物消费量明显增加，即膳食结构从以植物性食物消费为主转变为动植物食物消费并重且营养搭配更加科学（周晓雨 等，2018）。

表1 FAO统计口径下我国居民主要食物消费总量变化情况

（单位：万吨）

分类	1978年	1980年	1990年	2000年	2010年	2012年	2013年[a]
谷物[b]	14 550	15 490	20 400	21 053	20 743	21 106	21 240
食用油	238	318	710	856	1 115	1 089	1 054
猪肉	869	1 202	2 324	3 708	4 990	5 313	5 469
牛肉	31	36	116	511	682	693	740
羊肉	32	45	108	270	408	416	437
禽类	155	169	385	1 333	1 784	1 920	1 945
蛋类	239	265	746	2 018	2 538	2 627	2 642
奶类	298	300	691	1 238	4 303	4 646	4 701
坚果类	27	27	40	114	337	379	377

数据来源：FAO数据库食物平衡表。

注：a. FAO数据仅更新到2013年；b. 谷物消费量根据小麦、大米、大麦、玉米、黑麦、燕麦、小米、高粱和其他谷物消费量加总得到。

---

① 2013年以后国家统计局开始公布全国居民主要食物人均消费数量，根据当年城乡人口数量，计算主要食物消费总量。

（二）农业产业结构、区域布局发生深刻调整，农业资源要素配置进一步优化

农业农村改革40年来，随着广大农户生产经营自主权的增强和市场机制逐渐成为资源配置的决定性力量，我国农业产业结构发生了深刻调整，农产品生产日益向优势产区聚集，推动了农业资源要素配置的进一步优化。

第一，农业产业结构调整成效显著，发展协调性增强。我国农业产业结构不断调整优化，由以粮食生产为主的种植业经济向多种经营和农林牧渔全面发展转变。从产值构成来看，1978年农业产值占农林牧渔业产值的80.0%，处于绝对主导地位，林业、畜牧业和渔业产值分别占3.4%、15.0%和1.6%。2017年农业产值占农林牧渔业产值的55.8%，比1978年下降了24.2个百分点；林业占4.8%，提高1.4个百分点；畜牧业占28.2%，提高13.2个百分点；渔业占11.1%，提高9.5个百分点。实施质量兴农战略，推动农业由增产导向转向提质导向，农业产业结构调整向纵深迈进。在保持粮食生产稳定发展的同时，经济附加值较高的各类经济作物和特色作物生产发展迅速。各地围绕市场需求变化，加大市场短缺的农产品生产，强筋、弱筋等专用小麦、优质稻、"双低"油菜等种植面积扩大，有机、绿色等生态、质量安全水平较高的农产品生产加快，具有显著地域特点的特色农产品快速发展。据农业农村部统计，截至2017年底，我国"三品一标"产品总数达12.2万个。

第二，农业生产区域布局日趋优化，主产区优势逐渐彰显。从粮食生产来看，粮食主产区稳产增产能力增强，确保国家粮食安全的作用增大。2012年主产区粮食产量合计4 696.5亿千克，占全国粮食总产量的76.7%，比1978年提高7.4个百分点。2017年主产区粮食产量合计达到5 214亿千克，占全国粮食总产量的78.8%，比2012年提高2.1个百分点。在主要粮食品种中，小麦主要分布在河南、山东、河北、安徽和江苏等省份，大豆主要分布在黑龙江、内蒙古和安徽等，从经济作物生产来看，也正进一步向优势产区集中。2012年新疆棉花产量388万吨，占全国棉花产量的58.8%，比1978年提高56.3个百分点。另外，糖料、蔬菜、水果、中药材、花卉、苗木、烟叶、茶叶等农产品生产也都形成了优势区域和地区品牌。

（三）打破城乡二元经济社会结构鸿沟，从城乡统筹向城乡融合渐进式迈进

通过实施统筹城乡发展的基本方略、推进户籍管理制度改革、促进农村劳

动力向城镇转移就业、推进城乡基本公共服务均等化等举措，逐步破除了城乡二元经济社会结构，推动了城乡融合发展。第一，取消农业户口与非农业户口性质区分。户籍制度发生了深刻变化，2014 年 7 月国务院发布的《关于进一步推进户籍制度改革的意见》，提出了取消农业户口与非农业户口性质区分、全面放开建制镇和小城市落户限制、有序放开中等城市落户限制等一系列举措；以及后来的《居住证暂行条例》和《推动 1 亿非户籍人口在城市落户方案》等政策文件，共同构成了我国户籍制度改革政策框架（陈鹏，2018；刘金伟，2018）。第二，农村基础设施明显改善。2016 年年末，全国通公路、通电、通电话、安装有线电视的村（包括村委会和涉农居委会，下同）分别占全部村的 99.3%、99.7%、99.5%、82.8%，比十年前分别提高了 3.8 个、1.0 个、1.9 个、25.4 个百分点。第三，农村环境整治取得新成效。2016 年年末，91.3%的乡镇集中或部分集中供水，90.8%的乡镇生活垃圾集中处理或部分集中处理；73.9%的村生活垃圾集中处理或部分集中处理，17.4%的村生活污水集中处理或部分集中处理；36.2%的农户使用水冲式卫生厕所，53.5%的村完成或部分完成改厕。第四，农村基本公共服务显著提升。据民政部统计，2016 年年末，全国有体育健身场所和农民业余文化组织的村分别占全部村的 59.2%、41.3%，比十年前分别提高 48.5 个、26.2 个百分点。2017 年，全国农村低保的年平均标准为 4 300.7 元/人，比 2012 年增长 1.1 倍，新型农村合作医疗基本实现全覆盖，切实减轻了农民医疗负担。

（四）与国情、发展阶段相适应的收入分配制度基本建立，促进了农民持续增收和农村减贫

基本形成了与国情、发展阶段相适应的以按劳分配为主体，多种分配方式并存的收入分配制度。40 年来，我国收入分配制度探索过程可概括为以下五个方面：第一，提出先富、后富与共同富裕的分配指导思想。针对计划经济体制下长期存在的平均主义分配理念和做法，提出"允许一部分人、一部分地区通过勤奋劳动与合法经营先富起来，先富带动后富，逐步实现共同富裕"新理念。第二，确立了按劳分配为主，其他分配方式并存的基本分配制度以及实行按劳分配与按要素分配相结合的分配方式。第三，确立了非劳动收入的合法地位和性质。随着改革开放和实践创新的进一步发展，劳动、资本、技术、管理等都是创造社会财富的重要源泉，"一切合法的劳动收入和合法的非劳动收入都应该得到保护"。第四，加快缓解收入分配差距不断扩大的现实问题和分配的公平正义。针对城乡居民收入差距不断扩大的问题，党的十八大提出初次分配和再分配都要兼顾效率和公平,再分配更加注重公平的政策思路,强调要完善劳动、资本、技术等要素按贡献参与分配的初次分配机制,加快健全以税收、社会保障、转移支付为主要手段的再分配调节机制。第五,探索"共享发展"新理念的体制机制实践创新,实现公平正义的发展目标。十九大提出要以共享发展为引领,坚持按劳分配原则,完善按要素分配的体制机制,促进收入分配更合理、更有序。

2017 年农民人均可支配收入 13 432 元,扣除价格因素,较 1978 年增长 15.3 倍,年均增长 7.4%;农民人均收入用 37 年时间实现跨万元大关。同时,我国农村减贫事业也取得了巨大成效,按照 100 元的 1978 年贫困线标准,我国贫困人口规模为 2.5 亿人,贫困发生率为 30.7%;按照 2010 年 1 274 元的贫困线标准,2010 年贫困人口规模为 1.65 亿人,贫困发生率为 17.2%,到 2017 年贫困人口规模下降到 3 046 万人,贫困发生率降至 3.1%(蒋和平,2018)。改革开放 40 年来,我国农村 7 亿多贫困人口摆脱贫困。

(五)形成了城乡、三产间要素互促互动新局面,衍生出一批融合新业态、新模式

2004 年中央经济工作会议提出,"我国现在总体上到了以工促农、以城带乡的发展阶段"。党的十九大提出,实施乡村振兴战略,促进农村一二三产业融合发展,把城市和农村作为一个整体,统一规划,形成与地域空间相适应、与地区资源相匹配、城乡协调发展的产业体系,支持和鼓励农民就业创业,拓宽增收渠道,初步形成了城乡、三产间要素互促互动新局面。

我国农业产业已经突破了传统意义上的传统农业概念,衍生出一批与农业生产紧密相关的农产品加工业、休闲农业和乡村旅游业、农村电子商务等三产融合新业态、新模式。第一,农产品加工业稳中向好。2017 年,全国农产品加工企业主营业务收入超过 22 万亿元,与全国农业总产值之比由 2012 年的 1.9∶1 提高到 2.2∶1;规模以上农产品加工企业 8 万多家,年销售收入超过 1 亿元的近 2 万家,超过 100 亿元的 70 家;一半以上的加工企业通过前延后伸构建全产业链价值链,成为农村产业融合发展的主导力量。第二,休闲农业和乡村旅游蓬勃发展。2017 年,全国休闲农业和乡村旅游类经营主体达 33 万家,接待游客超过 28 亿人次,收入超过 7 400 亿元,从业人员 900 万人,带动 700 万户农民受益,成为天然的农村产业融合主体。第三,农村创业创新活力迸发。2017 年,全国返乡下乡双创人员累计达 740 万人,农村本地非农自营人员 3 140 万人;54% 的返乡下乡创业创新人员运用了网络等现代手段,82% 以上创

办的是产业融合项目，89.3%是多人联合抱团创业，形成了一大批农村产业融合利益共同体。第四，农村一二三产业融合发展态势形成良好局面。农业与加工流通、休闲旅游、文化体育、科技教育、健康养生和电子商务等产业深度融合，催生出大量的新产业、新业态、新模式。据测算，农村产业融合使订单生产农户的比例达到45%，经营收入增加了67%，农户年均获得的返还或分配利润超过300元。

三、农业农村改革发展主要经验

农业农村改革40年来，取得了巨大成就，也积累了丰富的宝贵经验。这些经验从中国农业农村的实际出发，有着扎实的现实基础，把握住了中国农业农村发展的关键，在新形势下深化农村改革行动中应该继续坚持。

（一）坚持"三农"重中之重的战略地位不动摇

改革开放以来"三农"事业稳步快速发展，成为全局稳定的"定海神针"，得益于党中央始终坚持把"三农"问题作为全党工作的重中之重。务农重本，国之大纲，尽管随着改革开放深入和经济结构优化，农业占国内生产总值的比重在持续下降，但基础性地位没有改变。改革开放40年来，中共中央先后下发了20个以农业、农村和农民为主体的"一号文件"，其中1982—1986年连续下发5个"一号文件"，强调调动农民生产积极性，搞活农村经济，并由此解决了农民的温饱问题。2004—2018年连续下发15个以农村改革为主体的"一号文件"，强调"三农"工作重中之重的战略地位，不断加大强农惠农富农的政策力度，全面深化农村改革，农村改革和发展取得了历史性成就。

在改革开放以来的每一个阶段，党和政府都对"三农"问题进行战略性把握和全局性布局，促进了农业稳步快速发展，农村面貌焕然一新，农民生活水平大幅度提高。改革开放初期，邓小平同志赋予并肯定了农业的基础地位，坚持"农业是基础，始终要抓农业"的思想，强调"我们必须把农业作为实现现代化的战略重点，真正从思想上重视发展农业"。从农村经济体制入手，以家庭承包经营为开端，推动了农产品流通和农业生产资料供应市场化改革（李国祥，2018）。20世纪90年代前后，江泽民同志高度重视"三农"问题，多次指出农业、农村和农民问题，"不但是个重大的经济问题，同时是个重大的政治问题"，且提出"一个基础、三个支撑"等有很强针对性的判断。这一时期农村商品流通市场化改革加快，直接带来乡镇企业"异军突起"，农村富余劳动力大规模转移，冲破了城乡二元体制（李国祥，2018）。21世纪初，胡锦涛同志强调"始终坚持农业基础地位不动摇，始终坚持加强、支持、保护农业不动摇，大力建设现代农业，切实巩固农业基础地位"。国家管理农村经济体制大转变，城乡一体化新格局不断形成。自2013年，习近平总书记对做好"三农"工作提出了许多新思想、新理念、新论断，强调"中国要强，农业必须强；中国要美，农村必须美；中国要富，农民必须富""任何时候都不能忽视农业、不能忘记农民、不能淡漠农村""要坚定不移深化农村改革，坚定不移加快农村发展，坚定不移维护农村和谐稳定"，时刻将"三农"问题作为新时期社会经济发展的重点任务。

我国已进入全面建成小康社会的决定性阶段，"三农"发展的内外环境发生了很大变化，但农业仍然是国民经济的基础，农村仍然是全面建成小康社会的重点和难点，"三农"问题仍是关系中国特色社会主义发展全局的根本性问题。

（二）坚持建构粮食安全战略的大局观与全球视野

粮食安全是全球共同持续关注的重大战略问题，也是关乎我国国计民生的永恒主题。1996年发布的《中国的粮食问题》白皮书首次明确提出，"立足国内资源，实现粮食基本自给，是中国解决粮食供需问题的基本方针""中国将努力促进国内粮食增产，在正常情况下，粮食自给率不低于95%，净进口量不超过国内消费量的5%"。2013年年底中央农村工作会议上，就确定了"以我为主、立足国内、确保产能、适度进口、科技支撑"的国家粮食安全战略；"中国饭碗""中国粮食"已成为指导中国粮食发展政策的重大战略思想。

除了不断提高粮食生产能力保障自给自足的同时，我国也不断加快和巩固粮食安全全球战略布局，进一步打牢粮食安全的根基。进入21世纪后，中国更加重视统筹利用国际国内两个市场、两种资源，制定了农业"走出去"战略规划，加强与"一带一路"沿线国家的农业合作。在一系列政策刺激下，中国对外农业投资总体规模不断上升，对外农业投资的地区分布呈现多元化趋势。中国对外农业投资的地区从过去的欧美、日本、澳大利亚等发达国家和地区，向"一带一路"及周边国家地区深入；对外农业投资的领域也从种植等产业链低端环节向加工、流通等中高端环节延伸。粮食安全的主动权，要牢牢抓在自己手上，这是今后要继续坚持的战略思想。

（三）坚持城乡融合协调发展

中华人民共和国成立以来，我国进行了破除阻碍农业生产要素发育和流动的各种体制机制改革。从农村支持城市、到"以工促农、以城带乡"、再到城乡融合发展，打破城乡要素流动的桎梏障碍，促进资源要素市场化配置，逐渐消除工农剪刀差。通过农村公共服务体制改革，缩小了城乡二元结构差距，对推进全面现代化建设产生了深刻影响。通过建立和完善农村社会保障制度，有效遏制了公共服务城乡二元差距扩大的趋势，大力推进城乡公共服务均等化。通过农业农村基础设施建设，提升了农业综合生产能力，培育了农村经济新动能，改善了人居生态环境，为弥补农业农村现代化短腿创造了基础条件。通过建立和完善农村公共服务体系，使得农民的健康和医疗卫生水平大幅度改善，农村人口综合素质显著提高。政府在城乡要素配置上，不仅发挥市场在农业资源配置中的决定作用，还充分发挥政策的导向作用。尤其在土地收入方面，在符合国家土地用途管制和土地利用总体规划的基础上，要把更多的非农建设用地留给农民集体开发，要让农民直接分享土地的增值收益①。

十九大以来，党和政府明确提出实施乡村振兴战略，首次强调坚持农业农村优先发展，加快形成"工农互促、城乡互补、全面融合、共同繁荣"的新型工农城乡关系。这一要求更加突出农业农村在城乡一体化发展中的重要地位，也在工业与农业、城市与乡村之间的双向作用、良性互动与协同发展上提出了更高的要求。

（四）坚持科技创新对农业现代化的支撑引领作用

党中央一直把依靠科技进步促进农业发展作为一以贯之的战略思想，一大批新品种、新技术、新工艺、新产品和新设备为农业农村生活方式转型升级提供了动力，支撑了农业综合生产能力大幅提升，提升了农产品质量安全水平。科技创新已成为经济社会发展的主要驱动力，知识创新、科技成果转化和产业更新换代的周期越来越短。40年来，我国农业科技成果举世瞩目，水稻功能基因组学等基础研究，以及超级稻、转植酸酶玉米、禽流感疫苗等重大技术研究处于世界领先水平，整体研发水平在发展中国家居领先地位并逐步缩小与发达国家的差距，正在进入由量的增长转向质的提升的跃升期。

坚持自主创新，夯实创新根基，加强相关学科教育投入和人才培养，提升原始创新能力。不断优化科技创新环境，完善激励创新的政策体系、保护创新

---

① 《乡村振兴战略规划（2018—2022年）》提出，健全多元投入保障机制，提高土地出让收益用于农业农村比例，制定调整完善土地出让收入使用范围、提高农业农村投入比例的政策性意见，所筹集资金用于支持实施乡村振兴战略。

的法律制度。实现创新投入主体、创新要素、创新管理在创新活动中的共生竞合。着力打造协同创新机制，促进科技与经济的紧密联系，以产业技术体系、科技创新联盟、产业综合体、区域共同体、科企联合体为平台和载体，形成分工协作、多学科集成的协作新格局。通过打通协同创新链条，联动科学创新、技术开发和成果转化，形成创新链、产业链和资金链有效联动，助力科技创新转化为生产力。

（五）坚持农民主体地位

尊重农民首创精神、调动农民积极性、发展农业生产力是农村改革的出发点和落脚点，也是决定农村改革成败的关键。广大农民群众不是农村改革和发展实践的被动接受者，更是积极参与者和主要推动者。习近平同志指出："农村要发展，根本要依靠亿万农民。要坚持不懈推进农村改革和制度创新，充分发挥亿万农民主体作用和首创精神，不断解放和发展农村社会生产力，激发农村发展活力。"

党基于以人民为中心的发展思想和价值取向，坚持遵循尊重农民、依靠农民、为了农民的原则，出台一系列重大举措。在农村改革过程中，中国共产党始终倾听农民心声，尊重农民意愿。让广大农民能够平等参与农村改革发展进程，平等享受农村改革发展成果，在共建共享发展中有更多获得感和幸福感。在经济增长放缓等多重挑战下，持续推动农民增收势头不断向上，增收路径不断拓宽，增收动能不断壮大，增收机制不断健全，不仅实现农民收入增幅多年超过城镇居民收入增幅、超过 GDP 增速，还先后解决了农民温饱、实现了总体小康，通过新农村建设和精准扶贫，广大农民收入和生活水平大幅度提高，农村面貌发生巨大变化。统筹城乡经济社会发展，促进基础设施向农村延伸，基本公共服务向农村覆盖。一些重要的农村社会保障项目从无到有，农村最低生活保障制度、新型农村合作医疗制度、新型农村社会养老保险制度全面建立，保障标准不断提高。改善农民进城就业政策环境，逐步建立城乡统一的劳动力市场和公平竞争的就业制度，保障进城就业农民工的合法权益。对主要粮食品种实施保护价和最低价收购政策，建立和实施农业补贴制度，不断加大对农业的支持保护力度。持续推进扶贫开发，不断加大扶贫投入，实施精准脱贫攻坚，确保贫困人口和全国人民一道同步进入全面小康社会。

四、深化农业农村改革发展面临的主要矛盾

经过40年的深化改革,农业农村变化喜人、成就巨大。但从发展的角度、国内外对比的视野来看,也面临着一些主要矛盾。

(一) 经营规模不足制约了农业现代组织和技术模式应用

农业是高度依赖自然资源的产业,土地经营规模决定了农业的基础竞争力。我国农户平均经营规模只有近0.6公顷,小农户长期存在是我国的基本国情农情,农业平均经营规模较小是我国农业基础竞争力不足的重要原因。从农业劳动生产率来看,我国农业劳动生产率仅为世界平均水平的47%、为高收入国家平均水平的2%、为美国的1%(农业部农业贸易促进中心,2016)。从农业土地生产率来看,我国农业基础设施的建设和投资状况得到显著改善,但总体上仍较为薄弱,资金投入不足、后继管护缺乏、老化失修严重、经济效益低等问题突出,制约了农作物单产水平的持续提升。从农业科技进步贡献率来看,2017年我国农业科技进步贡献率达到57.5%,比2005年提高了9.5个百分点,但是与农业发达国家70%~80%的平均水平相比,仍存在着较大差距。

(二) 加大农业支持保护受到WTO规则上限约束

对农业实行必要的支持保护是我国实现农业农村现代化的客观需要,也是国际社会的普遍做法。我国真正意义上的农业支持保护政策起步较晚,但是发展较快。2004—2016年,中央财政对"三农"的支出由2 337.7亿元增加到18 587.4亿元,占中央财政支出的比重由9.7%上升到9.9%,主要用于支持农业生产、对农民的粮食直补等四项补贴以及促进农村教育卫生等社会事业发展等方面。随着农业支持保护力度加大,我国粮食等特定农产品"黄箱"补贴规模持续扩大,剩余空间不断压缩。我国农业补贴和关税配额管理制度等也开始受到一些国家挑战。2016年以来,美国已先后多次就我国对三大主粮实施"黄箱"补贴及关税配额管理措施向WTO提出诉讼。尽管我国可以根据相关承诺和规则据理力争,以保障国内农业产业安全和农民生计,但类似事件频发及全球范围内贸易保护主义抬头,我国已很难继续通过加大被解读成"黄箱"的措施力度和收紧市场准入促进国内农业增产(朱晶,2017)。

（三）农村基础设施欠账较多限制新经济新业态培育

数字革命也给农村注入了新的活力，推动了传统农业向现代农业、传统农民向新型农民的转变。"互联网+""旅游+""生态+"深度渗透并融入农业农村发展的各个领域和各个环节，不断催生诸多新产业、新业态和新的经营模式，成为增加农民收入、繁荣农村经济的重要支撑。2018年1—6月，全国休闲农业和乡村旅游接待16亿人次，实现营业收入4 200亿元，同比增长15%。全国农村网商超过980万家，带动就业超过2 800万人；新业态层出不穷，通过线上线下、虚拟实体有机结合等多种途径，催生出了共享农业、体验农业、创意农业、中央厨房、农商直供、个人定制等大量新业态。此外，一些资源丰富但传统销路不畅的贫困村，依托农村电商开辟了新的市场空间，摘掉了贫困帽子。

农村基础设施仍是发展的明显短板，以农村电子商务和休闲农业发展为例，农村电子商务发展的基础设施建设，尤其是中西部地区农村信息化基础设施建设薄弱。2016年，我国广东等东部省份互联网普及率均已达到70%左右，但大部分中西部地区还低于全国53.2%的平均水平，互联网使用成本较高；我国农村地区集聚了70%的旅游资源，休闲农业发展潜力巨大。但是大部分休闲农业项目基础设施特别是休闲配套设施薄弱，严重制约了休闲农业和乡村旅游的发展。

（四）保障农产品有效供给加重农村环境和生态压力

在粮食实现多年连增，农业快速发展、工业化和城镇化加快推进的背景下，我国农村环境和生态压力越来越大。随着畜禽养殖业的发展，我国畜禽养殖规模不断扩大，然而养殖废弃物处理利用设施建设却严重滞后，大量粪污由传统农家肥直接转变成了污染物。我国是世界上化肥使用强度最高的国家之一，而化肥当季利用率却很低，种植业源总氮流失也成为引起水体富营养化的重要原因。我国是农作物病虫害频发、重发国家，目前化学防治仍是控制病虫害的主要手段，过度依赖化学农药防病治虫，加之使用不科学、不合理，农药废弃包装物随意丢弃等，对土壤、水体等环境造成严重污染。

（五）农业生产的结构性矛盾不适应城乡居民消费结构升级要求

从产品质量来看，中低档农产品产量供过于求，而绿色、安全、优质的高档农产品生产不足。随着经济社会快速发展，城乡居民的食品消费也在快速升级，对食品消费从满足温饱向追求绿色、安全、高营养价值和生态无公害的健康食品方向发展。从"菜篮子"产品看，我国人均"菜篮子"产品供给总量远超国际平均水平，但优质产品供不应求，中低端产品供大于求、滞销卖难现象频发。2016年，中国粮食及加工品、水果和蔬菜获得绿色产品认证产量仅分别占粮食及加工品、水果和蔬菜总产量的4.5%、4.7%和2.6%[1]。绿色食品原料标准化生产基地种植面积1.6亿亩，仅占到全国耕地面积的0.89%；从产品的类别上看，绿色食品中农林及加工产品的品种数所占比重较高，占到绿色食品的76.3%，畜禽、水产品的比重较低，分别仅占到5.2%以及2.5%，且初级农产品同质化问题严重。目前，我国粮食作物和畜禽产品自给程度基本在95%左右，但仍需大规模进口，除了国内外价格差距所致外，很重要的是产品品质的因素。以小麦为例，我国是世界第一大产麦国，从供求关系来看，我国小麦总产量和消费量基本持平，甚至略有盈余。但从进出口来看，我国的小麦不但很少出口，近年来反倒进口不少，尤其是用作面包、糕点等新兴面食产业的小麦原材料缺口很大，每年进口达200万吨。

（六）经济发展进入新常态削弱农民增收新动力

随着我国经济发展进入了"新常态"，促进农民增收的外部环境与内在条件都发生了深刻变化，"三农"问题也随之进入了新的历史发展时期，农民收入持续增长乏力等问题比较突出（潘万历，2018）。新常态下农业和农村经济的变化，对农民增收不利的影响主要表现在四个方面：一是随着新常态下经济增速回落到中高速增长区间，农产品市场需求走弱，价格对农民收入的拉动作用有所减弱。二是受成本"地板"和价格"天花板"的双重挤压，农户务农种粮收益有限，比较效益较低的问题仍比较突出。2014—2016年，三种粮食平均每亩净利润由124.8元下降到-80.3元，成本利润率由11.7%下降到-7.3%。两种油料平均每亩净利润由-9.0元下降到-30.2元，成本利润率由-0.8%下降到-2.6%。三是工资性收入增幅趋缓。农民务工数量增长的速度在减缓，工资增长的幅度在下调。从数量增长来看，2014—2016年，农民工外出数量分别增长了211万人、63万人和50万人，增幅逐年下降。外出农民工数量增速呈逐年回落趋势，增速分别为1.3%、0.4%和0.3%。外出农民工占农民工总量的比重也由61.4%逐渐下降到60.1%[2]。从

---

[1] 数据来源：2017年《中国绿色食品统计年报》。
[2] 《2014—2016年农民工监测调查报告》，国家统计局。

工资增幅来看,近几年增幅下降表现得更为明显,2014—2016年,农民工人均月收入分别为2 864元、3 072元和3 275元,名义增长分别为9.8%、7.2%和6.6%。今后,随着农业剩余劳动力转移速度进一步放缓,在经济增速放缓、结构调整和产业转移等多重因素的影响下,农民工就业和工资水平增长也将受到一定影响。四是转移净收入增长面临挑战。在经济新常态下,国民经济增速特别是财政收入增速有所放缓的背景下,继续以直接补贴等形式增加农民的转移性收入面临较大的压力,2014—2016年,农村居民获得的转移净收入从1 715.9元增加到2 123.8元,占农民收入的比重从16.4%上升到17.2%,带动农村居民人均收入增速上升作用有限。

(七)城乡融合发展仍存体制性障碍

城乡二元体制是城乡资源要素平等交换和均衡配置最主要的体制性障碍,尽管我国在破除城乡二元体制方面采取了一系列重大措施,但总体而言,城乡二元体制远未完全消除。城乡二元体制阻碍农村劳动力向城市流动,不利于城乡就业市场一体化程度的提高。导致农村仍有大量剩余劳动力。虽然城乡之间的体制边界被逐步冲破,农民可以自由进城寻找就业机会,但城市就业市场上户籍劳动力与非户籍劳动力形成新的二元结构,导致就业机会不平等、社会保障不平等、合同保障不平等。此外,城乡之间金融制度安排存在明显差异,不利于农民获得普惠的金融服务。

五、促进农业农村发展的方向与主要举措

坚持农业农村优先发展,始终把解决好"三农"问题作为全党工作重中之重,将乡村振兴战略作为新时代"三农"工作总抓手,牢牢守住粮食安全的底线,加快推进农业现代化,加强城乡公共服务均等化,努力提升乡村治理体系和治理能力现代化水平,促进农业全面升级、农村全面进步、农民全面发展。

(一)牢牢抓住粮食生产主动权不放松,坚决贯彻落实习近平总书记对粮食安全的重要指示精神

1. 建立全方位的粮食安全保障机制

坚持"以我为主、立足国内、确保产能、适度进口、科技支撑"的国家粮食安全战略,按照"确保谷物基本自给、口粮绝对安全"的要求,持续巩固和

提升粮食生产能力。以新型粮食安全观为导向，深化我国粮食产业供给侧结构性改革（蒋和平，2018）。深化中央储备粮管理体制改革，科学确定储备规模，强化中央储备粮监督管理，推进中央、地方两级储备协同运作。全面落实粮食安全省长责任制，完善监督考核机制。加快完善粮食现代物流体系，构建安全高效、一体化运作的粮食物流网络。

2. 大力实施"藏粮于地"战略

严守耕地红线，全面落实永久基本农田特殊保护制度。大规模推进高标准农田建设，所有高标准农田实现统一上图入库，形成完善的管护监督和考核机制。加快将粮食生产功能区和重要农产品生产保护区细化落实到具体地块，实现精准化管理。加强农田水利基础设施建设，实施耕地质量保护和提升行动，以土壤改良、培肥地力、养分平衡、质量修复为重点，提升耕地质量，突出抓好东北黑土地保护，遏制黑土地退化趋势。

3. 全力推进"藏粮于技"战略

推进粮食作物育种创新，加快选育一批具有重大应用前景和自主知识产权的突破性优良品种。扩大种业科研成果权益比例改革试点范围，调动科研和企业的积极性。集成推广一批分区域、分作物的绿色高产高效技术模式，打造绿色高产高效创建升级版。以先进适用的农机装备为载体，以绿色增产的农艺技术为内容，集成推广全程机械化生产模式，实现农机农艺深度融合，提高粮食生产效率。加强农业信息化建设，大力发展数字农业，提高农业精准化水平。

（二）加快推进农业现代化，补齐社会主义现代化强国的短板

1. 加快促进农业转型升级

优化农业生产力布局，构建优势区域布局和专业化生产格局，打造农业优化发展区和农业现代化先行区。在稳定粮食生产的基础上，加快发展粮经饲统筹、种养加一体、农牧渔结合的现代农业，促进农业结构不断优化升级（冯海发，2018）。有序开发优势特色资源，做大做强优势特色产业。大力推进质量兴农和品牌农业建设，加快形成以区域公用品牌、企业品牌、大宗农产品品牌、特色农产品品牌为核心的农业品牌格局。构建农业对外开放新格局，加强与"一带一路"沿线国家合作，积极支持有条件的农业企业走出去。

2. 建立现代农业经营体系

赋予双层经营体制新的内涵，巩固和完善农村基本经营制度，落实农村土

地承包关系稳定并长久不变政策，衔接落实好第二轮土地承包到期后再延长30年的政策，让农民吃上长效"定心丸"。培育壮大新型农业经营主体，突出抓好农民合作社和家庭农场两类农业经营主体发展，落实财政、税收、土地、信贷、保险等支持政策。改善小农户生产设施条件，提升小农户组织化程度，加强面向小农户的社会化服务，促进小农户生产和现代农业发展有机衔接（杜鹰，2018）。

3. 优化完善利益联结机制

鼓励农民以土地、林权、资金、劳动为纽带，开展多种形式的合作与联合，提高农民参与程度。加快推广"订单收购+分红""土地流转+优先雇用+社会保障""农民入股+保底收益+按股分红"等多种利益联结方式，让农户更多分享产业链增值收益。更好发挥政府扶持资金作用，强化龙头企业、合作组织联农带农激励机制，探索将新型农业经营主体带动农户数量和成效作为安排财政支持资金的重要参考依据。

4. 深入推进农村综合改革

深化农村土地制度改革，完善农村承包地"三权分置"制度，在依法保护集体土地所有权和农户承包权的前提下，平等保护土地经营权。完善农村集体经营性建设用地入市制度，加快建立城乡统一的建设用地市场。扎实推进宅基地制度改革，正确处理好稳定和放活的关系（刘振伟，2018）。改革完善土地出让收入使用制度，让农业农村更多地分享土地增值收益。深入推进农村集体产权制度改革，推动资源变资产、资金变股金、农民变股东，发展多种形式的股份合作。完善农业支持保护制度，加快建立新型农业支持保护政策体系。

（三）加强城乡公共服务均等化，为实现城乡一体化奠定物质基础

1. 加快推进城乡公共教育均等化

推动建立以城带乡、整体推进、城乡一体、均衡发展的义务教育发展机制。统筹规划布局农村基础教育学校，科学推进义务教育公办学校标准化建设，全面改善薄弱学校基本办学条件，加强寄宿制学校建设，提升乡村教育质量，实现县域校际资源均衡配置。完善县乡村学前教育公共服务网络，提高高中阶段教育普及水平，发展面向农村的职业教育。推动优质学校辐射农村薄弱学校常态化，加强城乡教师交流轮岗。统筹配置城乡师资，并向乡村倾斜，建好建强乡村教师队伍。积极发展"互联网+教育"，推进乡村学校信息化基础设施建设。

2. 加快推进城乡医疗服务均等化

强化农村公共卫生服务，加强慢性病综合防控，推进农村地区精神卫生、职业病和重大传染病防治。加强基层医疗卫生服务体系建设，支持乡镇卫生院和村卫生室改善条件，切实加强乡村医生队伍建设。全面建立分级诊疗制度，实行差别化的医保支付和价格政策。深入推进基层卫生综合改革，完善基层医疗卫生机构绩效工资制度。开展和规范家庭医生签约服务，加强妇幼、老人、残疾人等重点人群健康服务。增强妇幼健康服务能力，倡导优生优育。树立大卫生大健康理念，提升居民文明卫生素质。

3. 加快推进城乡社会保障均等化

完善统一的城乡居民基本医疗保险制度和大病保险制度，做好农民重特大疾病救助工作，健全医疗救助与基本医疗保险、城乡居民大病保险及相关保障制度的衔接机制，巩固城乡居民医保全国异地就医联网直接结算。完善城乡居民基本养老保险制度，建立城乡居民基本养老保险待遇确定和基础养老金标准正常调整机制。统筹城乡社会救助体系，完善最低生活保障制度，做好农村社会救助兜底工作。健全农村留守儿童和妇女、老年人以及困境儿童关爱服务体系。加强和改善农村残疾人服务。

（四）积极推进新型城镇化，为农民向城市城镇转移创造条件

1. 全面放宽城市落户条件

加快推进户籍制度改革，鼓励各地进一步放宽落户条件，除极少数超大城市外，允许农业转移人口在就业地落户，优先解决农村学生升学和参军进入城镇的人口、在城镇就业居住5年以上和举家迁徙的农业转移人口以及新生代农民工落户问题。区分超大城市和特大城市主城区、郊区、新区等区域，分类制定落户政策，重点解决符合条件的普通劳动者落户问题。建立城乡统一的户口登记制度，建成国家人口基础信息库，实现跨部门、跨地区的信息整合和共享。分类指导农民工市民化，建立完善与居住年限等条件相挂钩的积分落户制度，为公平有序落户提供阶梯式政策通道。全面实行居住证制度，确保各地居住证申领门槛不高于国家标准、享受的各项基本公共服务和办事便利不低于国家标准，推进居住证制度覆盖全部未落户城镇常住人口。

2. 完善农民落户政策激励机制

维护进城落户农民土地承包权、宅基地使用权、集体收益分配权，引导进

城落户农民依法自愿有偿转让三项权益。进一步稳定农村土地承包关系，维护进城农户的土地承包经营权，稳步推进农村土地制度改革试点，深入推进农村集体产权制度改革。加快户籍变动与农村"三权"脱钩，不得以退出"三权"作为农民进城落户的条件，促使有条件的农业转移人口放心落户城镇。落实支持农业转移人口市民化财政政策，以及城镇建设用地增加规模与吸纳农业转移人口落户数量挂钩政策，健全由政府、企业、个人共同参与的市民化成本分担机制。完善住房保障制度，加大城镇棚户区和城乡危房改造力度。

（五）着力提升乡村治理体系和治理能力专业化，为优先发展农业农村提供保障

1. 加强农村基层党组织建设

坚持农村基层党组织领导核心地位，推进村党组织书记通过法定程序担任村民委员会主任和集体经济组织、农民合作组织负责人，推行村"两委"班子成员交叉任职，加强农村新型经济组织和社会组织的党建工作，引导其始终坚持为农民服务的正确方向。加强农村基层党组织带头人队伍建设，加大从本村致富能手、外出务工经商人员、本乡本土大学毕业生、复员退伍军人中培养选拔力度，全面向贫困村、软弱涣散村和集体经济薄弱村党组织派出第一书记，建立长效稳定机制。加强农村党员教育、管理、监督，严格党的组织生活，完善农村流动党员管理，扩大党内基层民主，推进党务公开。强化农村基层党组织建设责任与保障，推动全面从严治党向纵深发展、向基层延伸。

2. 促进自治法治德治有机结合

深化村民自治实践，加强农村群众性自治组织建设，完善农村民主选举、民主协商、民主决策、民主管理、民主监督制度，形成民事民议、民事民办、民事民管的多层次基层协商格局。推进乡村法治建设，提高农民法治素养，引导干部群众尊法学法守法用法，维护村民委员会、农村集体经济组织、农村合作经济组织的特别法人地位和权利，健全农村公共法律服务体系，加强对农民的法律援助、司法救助和公益法律服务。提升乡村德治水平，深入挖掘乡村熟人社会蕴含的道德规范，强化道德教化作用，建立道德激励约束机制，引导农民自我管理、自我教育、自我服务、自我提高。

3. 加快夯实农村基层政权

加强基层政权建设，科学设置乡镇机构，实行扁平化和网格化管理，推动乡村治理重心下移，构建简约高效的基层管理体制。创新基层管理体制机制，

明确县乡财政事权和支出责任划分,推进乡镇协商制度化、规范化建设,创新联系服务群众工作方法,推进直接服务民生的公共事业部门改革。健全农村基层服务体系,推进农村基层服务规范化标准化,整合优化公共服务和行政审批职责,逐步形成完善的乡村便民服务体系,大力培育服务性、公益性、互助性农村社会组织,开展农村基层减负工作,集中清理对村级组织考核评比多、创建达标多、检查督查多等突出问题。

参考文献

陈鹏,2018. 新一轮户籍制度改革:进展、问题及对策 [J]. 行政管理改革(10):57-63.

陈锡文,2018. 读懂中国农民农业农村 [M]. 北京:外交出版社.

杜鹰,2018. 小农生产与农业现代化 [J]. 中国农村经济(10):2-6.

方言,2018. 深化改革,加快推进农业农村现代化 [N]. 中国经济导报,2018-11-01(2).

冯海发,2018. 推动乡村振兴应把握好的几个关系 [J]. 农业经济问题(5):4-7.

黄季焜,2018. 四十年中国农业发展改革和未来政策选择 [J]. 农业技术经济(3):4-15.

蒋和平,2018. 改革开放四十年来我国农业农村现代化发展与未来发展思路 [J]. 农业经济问题(8):51-59.

李国祥,2018. 四十年农村改革主要历程及启示 [J]. 农经(11):28-32.

刘金伟,2018. 新一轮户籍制度改革的政策效果、问题与对策 [J]. 人口与社会(4):89-98;

刘振伟,2018. 乡村振兴中的农村土地制度改革 [J]. 农业经济问题(9):4-9.

骆惠宁,2004. 综合性制度创新:农村税费改革的必由之路 [M]. 北京:人民出版社.

马晓河,刘振中,钟钰,2018. 农村改革40年:影响中国经济社会发展的五大事件 [J]. 中国人民大学学报,32(3):2-15.

农业部农业贸易促进中心,2016. 农业贸易研究2014—2015 [M]. 北京:中国农业出版社.

潘万历,2018. 新常态下农民增收的路径选择—基于日本的经验与启示 [J]. 农业经济(6):62-64.

宋洪远，2018. 中国农村改革40年：回顾与思考［J］. 南京农业大学学报（社会科学版）（3）：1-11，152.

万宝瑞，2018. 我国农村改革的光辉历程与基本经验［J］. 农业经济问题（10）：4-8.

魏延安，2018. 农村改革四十年的演变轨迹及其新时代新征程［J］. 陕西行政学院学报，32（1）：94-100.

熊晶白，熊德平，2011. 我国取消农业税的政策背景与效应——基于制度分析框架的回顾与总结［J］. 税收经济研究（4）：75-80.

朱晶，2017. 完善农业支持保护政策推进新时期农业改革发展［J］. 农业经济与管理（6）.

周晓雨，逢学思，郭燕枝，等，2018. 日本食物消费结构变化及对中国的启示［J］. 中国农业科技导报（2）：80-85.

研究报告 2

改革开放 40 年中国农业科技发展回顾与展望

(中国农业科学院　张合成　陈萌山　王汉中　王济民　郭静利
孔凡丕　孙翠清　崔奇峰　王祖力)

科学技术是第一生产力。改革开放 40 年来，我国在农业发展中取得了举世瞩目的成就，农业科技进步贡献率由 1978 年的 27%，增长到 2017 年的 57.5%。全面梳理农业科技发展成就贡献，总结发展经验教训，谋划未来改革发展举措，对支撑引领乡村振兴、推进农业农村现代化意义重大。

一、改革开放 40 年我国农业科技体制改革历程回顾

1978 年党的十一届三中全会之后，我国农业科技体制改革不断深化，主要经历了五个阶段。

(一) 全面恢复建设期 (1978—1984 年)

1978 年中共中央召开第一次全国科学大会，邓小平同志在会上作出"科学技术是生产力"的重大论断，全国迎来了科技的春天，农业科技恢复了由中央和地方分级管理的农业科研体系，农业科研各项工作步入正轨。

(二) 拨款制度改革期 (1985—1991 年)

针对科技与经济脱节的问题，1985 年中共中央出台了《关于科学技术体制改革的决定》，取消财政全额拨款制度，对科研单位实行事业费包干，减少稳定性经费支持，积极开拓农业技术市场，市场机制在农业科技资源中的配置作用得到强化。

(三) 人员分流改革期 (1992—2001 年)

1992 年国家科委、国家体改委联合颁发了《关于分流人才、调整结构，进一步深化科技体制改革的若干意见》，提出"稳定一头，放开一片"的基本方针。农业科研规模有所缩小，人员结构得到了优化。

(四) 机构分类改革期 (2002—2011 年)

2002 年按照科技部、财政部、中编办《关于农业部等九个部门所属科研机构改革方案的批复》，农业部有 29 个研究所设为非营利性科研机构、22 个研究所转制为科技型企业、11 个转为事业单位、4 个进入大学。同时，地方农业科研机构也进行了相应改革。机构改革进一步推动了以企业为主体、产学研相结合的技术体系的形成。

(五) 创新驱动发展期 (2012 年以来)

党的十八大以来，习近平总书记提出了一系列推动科技创新的新理念、新思想、新论述。2012 年习近平总书记强调"要大力实施创新驱动发展战略，加快完善创新机制"。对农业科技提出"给农业插上科技的翅膀"和"三个面向"的重要指示。党的十九大报告指出，创新是引领发展的第一动力，是建设现代化经济体系的战略支撑，并对加快建设创新型国家作出战略部署。科技体制改革日益深化，在财政项目管理、扩大科研机构自主权和调动科技人员积极性等方面取得突破性进展。

二、改革开放 40 年我国农业科技取得的巨大成就

(一) 农业科技整体水平快速提高

农业学科世界排位上升。全球农业科技战略研究力量 Top50 机构中，中国有 4 个机构进入，分别是中国科学院（2）、中国农业大学（34）、中国农业科学院（37）和浙江大学（49）。农业论文发表质量提高。2014—2016 年，我国农业类论文发文总量、被引总量、高被引论文总量和 Q1 期刊论文总量均排名全球第二位。农业领域 SCI 论文发文量、被引频次均居世界第二位。知识产权保护水平提升。2014—2016 年全球农业领域发明专利申请量排名中，中国有 16

家机构进入 Top50，包括 11 所大学（专利量占比 48.87%）、4 家科研院所（专利量占比 47.18%）和 1 家公司（专利量占比 3.95%）。

（二）农业科技自主创新取得重大突破

农业科技取得一系列原创性标志性成果，共获得国家各类科技奖励 2 227 项，袁隆平院士、李振声院士获国家最高科学技术奖。基本完成了水稻、小麦、玉米等主要农作物的基因图谱绘制和测序工作，基本完成了猪、牛、羊等动物的基因组测序，建立了中国荷斯坦牛分子育种技术体系。黄淮海平原中低产地区综合治理、两系法杂交水稻技术获得国家科技进步特等奖。重大动植物疫病监测预警技术体系趋于完善，高致病性禽流感疫苗研发处于国际领先水平。

（三）农业科技创新体系逐步完善

一是人才队伍蓬勃发展。全国农业科研机构由 1979 年的 597 家发展到 2017 年的 1 063 家，农业科研人员由 1979 年的 2.2 万人发展到 2017 年的 11.5 万人。二是农业科技总投入和 R&D 经费持续增加。农业科研机构和农业高校的科研经费收入从 2001 年的 62.8 亿元增加到 2015 年的 388.8 亿元，增加了 5.2 倍；2015 年的农业 R&D 经费总支出是 2001 年的 8.8 倍。三是创新平台功能日趋完备。布局建设了农业领域 2 个国家重大科学工程，49 个国家重点实验室，206 个国家农作物改良中心和分中心，10 个国家农业科学数据中心，37 个农业农村部重点实验室，学科群体系涵盖 42 个综合性重点实验室、335 个专业性（区域性）重点实验室和 269 个科学观测试验站。

（四）农业科技产学研结合的机制创新持续推进

构建了 50 个主要农产品的现代农业产业技术体系，71 个农业科技创新联盟，4 个国家现代农业产业科技创新中心。建成国家农业高新技术产业示范区 2 个，国家农业科技园区 246 个，国家现代农业产业园 41 个。支持农业企业建立了 40 余个国家和农业农村部重点实验室，认定 88 个育繁推一体化种业企业。

（五）农业技术推广体系日趋完善

建成省、市、县三级农技机构设置健全的全国农业技术推广体系，基本实现了办公有场所、服务有手段、经费有保障。到 2017 年，全国乡镇以上农技推广机构达到7.49万个,农技推广人员54.14万人。示范推广了一大批重大品种、关键技术和先进模式,为跑好农业科技成果转化"最后一公里",支撑农业农村经济持续健康发展提供了有力保障。农业科研院校科技人员已成为农技推广服务的重要力量,涉农企业、农民专业合作社等农业社会化服务组织快速发展,在市场化推广服务中发挥越来越大的作用。

(六)农业科技国际合作不断拓展

40年来,伴随着改革开放深入推进,我国逐步加强农业多边和双边合作,农业科技领域的国际合作不断向纵深发展。合作对象不断拓展,与140多个国家(地区)以及国际组织建立了合作关系,不断加强与联合国粮农组织(FAO)等国际组织的合作。合作机制不断深化。不断完善中德、G20、"一带一路"沿线国家等双边及多边农业框架下的合作机制。在生物育种、植物保护等领域,与有关国家和国际组织建立了联合实验室、研发中心等一批国际农业科技合作与交流平台。多边互动日益活跃。先后引进国际先进农业技术2 000多项。在非洲、亚洲等发展中国家援建了水稻、玉米农场、试验站或技术推广站,帮助100多个国家培养了18万名农业人才。

三、改革开放40年我国农业科技的重要贡献

(一)推动主要农产品综合生产能力迈上新台阶

品种更新不断,培育并推广应用了一大批高产、优质粮棉油等农作物新品种、新组合。技术支撑有力,推广了粮食稳产增产、农业防灾减灾、农机农艺融合、农产品储运保鲜等先进适用技术。模式不断改进,以复种、间种、套作为代表的耕作制度不断改进,开展病虫害统防统治、粮棉油糖高产创建等绿色生态循环模式示范,通过专家大院、科技小院、科技直通车等开展农业科技创新和集成示范。在科技进步的作用下,40年来,我国粮食单产从1978年的135千克/亩,提高到2017年的367千克/亩,粮食总产量由1978年的3亿吨连续迈上4亿吨、5亿吨、6亿吨台阶,肉类总产量连续20多年稳居世界第一。

(二)推动农业转型升级和现代化水平提升

农业机械化助推节本增效,农机作业向产前、产中、产后全过程拓展,由

种植业向养殖业、农产品加工等领域延伸。农业绿色化助推转型升级，大力推广化肥农药减施技术和农作物秸秆、农膜、畜禽粪便等农业废弃物综合利用技术。农业信息化助推高速发展，深入开展"互联网+"现代农业发展行动，农业现代化搭上信息化的快车。主要农作物良种基本实现全覆盖，自主选育品种面积占比达 95%，畜禽水产品种良种化、国产化占比逐年提升，农业耕种收综合机械化水平达到 67%，农业科技进步贡献率达到 57.5%。通过应用现代技术、设施装备武装农业，推动农业发展方式实现由注重数量为主向数量质量效益并重转变。

（三）推动农民增收和脱贫

各地广泛实施节本增效科技示范、农民培训和科技扶贫等项目，助力农民增收。强化新技术引领，积极发展休闲农业、创意农业等新业态，加快推进农村一二三产业融合，农业产业链不断延伸、价值链得到提升，让农民更多分享产业链增值收益。城乡居民收入差距从 2013 年的 2.81 倍缩小到 2017 年的 2.71 倍。贫困人口从 1978 年的 7.7 亿人减少到 2017 年的 3 046 万人，减少了 7.4 亿人。科技成为产业增收和扶贫的重要力量。

（四）推动农业农村绿色发展取得新成效

围绕破解资源利用和环境保护等重大瓶颈问题，转变科技创新方向，构建支撑农业绿色发展的技术体系。推广了一批清洁生产技术，发展节肥节药、资源循环的种养模式，大力推广示范降解地膜和残膜回收技术。发展了一批能源替代技术，积极推进农村清洁能源替代工程，推广应用大中型沼气工程，实现节能减排、有效改善环境。应用了一批环境整治技术，支持全国 7.8 万个建制村开展环境综合整治，全国 60%的建制村生活垃圾得到处理，22%的建制村生活污水得到处理。

（五）推动农业及农村人才队伍水平快速提升

坚定不移地实施人才强农战略，深入推进农业农村人才发展体制机制改革。农业科研人才方面，启动实施了农业科研杰出人才培养计划、中国农业科学院科技创新工程等。各省也加大了农业科研领军人才、青年科技人才、创新团队的培养力度。农业技术推广人才方面，截至 2017 年，农业农村部所属系统共有农技推广人员 54.14 万人。有 10 多万个农村专业技术协会和数百万个科技示范户（场）。农村实用人才培养方面，2015年度全国农村实用人才总数为1 692.30万人，比2010年增加61%。从人才资源类型来看，2015年度生产型、经营型、技能服务型三类人员占农村实用人才总数的75%，相比2010年增长约55%。

四、我国农业科技发展的经验总结与存在的问题

（一）我国农业科技发展的经验总结

1. 要坚持党对农业科技事业的领导

40年来，党中央始终高度重视农业科技工作。1978年全国科学大会后"科学技术是生产力"成为一以贯之的指导思想。党的十八大以来，"创新驱动发展"成为国家战略，科技创新被摆在国家发展全局的核心位置。习近平总书记高度重视农业科技创新，先后强调"要给农业插上科技的翅膀""农业的出路在现代化，农业现代化关键在科技进步和创新"。实践证明，只有坚持党对农业科技工作的领导，才能保证农业科技事业沿着正确的轨道前进，党的领导是农业科技改革发展顺利推进的可靠保障。

2. 要尊重农业和农业科技规律

尊重农业和农业科技规律是农业科技创新的内在要求。农业是弱势产业，农业科技成果大都属于纯公共产品或准公共产品范畴，必须始终坚持农业科技公益性、基础性和社会性定位，政府必须承担投资主体的责任。农业科技科研周期长，大田农作物育种周期为8~10年，而茶、桑、果、畜、禽、水产等的育种周期为20年左右，只有创新活动连续、支持稳定，才能形成积累和突破，产生重大成果，必须始终坚持连续稳定的投入方式。农业科技创新活动受大自然的影响十分直接，成果的产生和使用都有明显的地域性限制，必须符合我国农业区域化特点。

3. 要实行"大联合、大协作、大攻关"

整合优势农业科技资源，搭建全局性、区域性、行业性重大农业科技问题协作平台，组织全国农业科技系统开展大联合、大协作、大攻关，是充分发挥社会主义集中力量办大事的制度优势。获得国家科技进步特等奖的杂交稻项目和黄淮海平原中低产改造项目，就是全国科研力量大联合、大协作和大攻关的产物。实践证明，集中人力、物力和财力办大事，是研究解决我国农业重大战

略性技术问题的成功之道,未来抢夺农业科技主动权、占领农业科技制高点,也必须坚持大联合、大协同和大攻关。

4. 要充分调动科技人员创新积极性

人才是第一资源,是实现民族振兴、赢得国际竞争主动的战略资源。40年来,我国农业科技坚持用事业凝聚人才,用实践造就人才,用机制激励人才,用政策吸引人才,用环境塑造人才,为农业科技创新注入了强大动力。广大科技人员弘扬"献身、创新、求实、协作"的科学精神,始终坚持爱国、敬业、奉献的价值取向,产出了一大批创新性成果。实践证明,科技人员是创新主体,充分发挥农业科技科研人员的创新积极性、主动性和能动性,是农业科技改革的出发点和落脚点。

(二) 我国农业科技发展存在的问题

1. 农业科技供需结构失衡

40年来,我国农业科技虽然产出了一大批科技成果,但大多数成果以高产为导向。从乡村振兴、农业供给侧结构性改革和现代农业发展的现实需求来看,一二三产业融合、乡村治理手段提升、绿色发展等方面的技术供给是短板,节本、增效、绿色等提升国际竞争力的技术需求不断增长,科技成果供需错位。与国际先进水平相比,我国绝大部分学科和技术仍然处于并行和跟跑的状态,19%处于国际领先、17%处于并行、64%处于跟跑水平。

2. 部分关键核心技术受制于人

对比国外先进技术,我国农业科技存在明显技术短板,部分关键核心技术受制于人。在重大育种价值的关键基因挖掘、主要园艺作物优质品种国产化育种技术、畜禽核心种质育种技术、农业传感器技术、智能化大型农机装备研发关键技术等领域受制于人。我国作为畜禽养殖大国,生猪、蛋鸡等畜禽养殖量居世界首位,但畜禽遗传育种核心种源80%依赖国外进口,部分核心种源如白羽肉鸡种源进口依存度达100%、种猪为90%、种公牛为70%。

3. 科技经济"两张皮"问题没有根本解决

近年来我国农业科技成果转化率仅为40%,与世界先进水平80%相距甚远。企业研发机构少,企业技术创新能力薄弱。产学研用紧密结合的体制机制尚未形成。企业与高校院所协作不紧密、资源配置碎片化、条块分割孤岛化。科研机构评估和科技成果评价体系尚不健全,所有评价都采取"一把尺子、一套标准",严重误导了应用和开发型科研机构的发展方向,极大地挫伤了科技人员的创新积极性和主动性。

4. 农业科研机构体制改革迟缓

中央级科研单位工资部分财政负担比例小。由于配套政策不到位,有些率先实行事业单位分类改革的地方科研单位难以推进改革步伐。各层级科研机构主体职能模糊,项目设置重复,呈现"上下一般粗,左右皆兄弟"的局面,导致各级科研机构相互竞争,不利于全国农业科技创新力量布局优化。

5. 科研投入结构和方式不尽合理

我国农业科技投入占农业 GDP 的比重,即农业科研投入强度为 0.6% 左右,低于农业发达国家水平,也低于世界平均水平。近年来,农业科研投入占科技总投入和国家财政支出的比重明显下降。投入结构不合理,人员财政工资费用保障不足,创收成为科研人员的重要任务,长远来看导致科研人员无法专注科研创新本身,不利于自主创新。投入方式不合理,稳定支持项目占科研机构项目经费的比例低于发达国家水平,造成基础性重大科研命题常因竞争性经费的冲击而中断研究。

五、我国农业科技改革的发展方向和重点

(一) 未来发展前景展望

高举中国特色社会主义伟大旗帜,深入贯彻党的十九大精神,以习近平新时代中国特色社会主义思想为指引,坚持"三个面向",全面实施创新驱动发展战略和乡村振兴战略,按照"自主创新、率先跨越、引领变革、协同创新"的方针,建设世界农业科技和农业强国。以农业供给侧结构性改革为主线,以提高农业发展质量和效益为主攻方向,全面深化机制创新,加快建设世界农业科学中心和创新高地;不断提升农业科技自主创新能力、协同创新水平和转化应用速度,为现代农业发展提供强有力的科技支撑;要加快构建以市场为导向,以公共部门创新主体为主导,公共和私人创新主体各施所长,产学研用深度融合,科技创新和制度创新"双轮驱动"的具有中国特色的社会主义农业科技自主创新道路。

到"十四五"末,建成一批有影响力的创新团队和科研院所,部分重点农业科技领域在国际影响力上"占有一席之地",解决面向国家战略需求的重大

科学问题，取得一批重大原创性成果，强化成果转化推广，引领支撑乡村振兴取得重要进展。到 2035 年，建成一大批一流学科、一流院所和一流企业创新中心，作物、植保、兽医等重点领域跻身世界领先水平行列，基本形成农科教紧密结合、产学研有效衔接的现代新型创新体系，引领支撑乡村振兴取得决定性进展，农业农村现代化基本实现。到 2050 年，我国农业科技整体居于世界领先水平前列，建成世界农业科技强国，对全球农业科学发展作出重大原创性贡献，引领支撑乡村全面振兴，为农业农村现代化提供强大支撑。

(二) 科技创新方向和重点

1. 积极抢占农业科技制高点

加强前沿技术研究，在世界农业科技前沿占有一席之地。促进信息技术、生物技术、新型材料、清洁能源、物联网、智能制造等加速向农业农村领域渗透。重点突破"农业合成生物学技术、作物高光效育种理论与技术、马铃薯二倍体育种技术、动物干细胞与生殖调控技术、立体农业技术、农业大数据与云计算技术"等前沿技术。

2. 强力攻克核心关键技术

攻克短板技术，针对质量兴农、绿色兴农、融合发展、创新发展的重大技术瓶颈，在种业创新、智慧农业、食品制造、现代农机装备、污染防控、乡村环境整治等技术领域，加快形成创新优势。重点部署"农作物高通量表型精准鉴定、畜禽核心种质育种、高效农业装备智能控制、农村生活垃圾污水无害化处理、优质乳品质评价"等短板技术研发。

3. 加快乡村振兴的科技供给

力争在农业节本增效、节能减排、优质安全以及智能农业等领域关键技术实现突破，研发推广一批新技术、新品种、新装备和绿色发展综合解决方案。加快畜牧业科技创新，大力发展优势、特色农产品生产技术，满足多样化、个性化、功能化的农业消费需求。着力加强先进适用、智能高效农机装备研发，推动农机农艺融合和技术集成配套，加快发展资源节约型、环境友好型的现代生态循环农业。

4. 着力强化区域农业科技创新的系统集成

针对区域农业产业发展的重大科技问题与瓶颈，创新协同攻关方式，提升区域农业协同创新水平，重点开展东北粮仓绿色增效、华北黄淮麦区控水提效等协同创新工作,创建综合技术模式并集成示范。

5. 积极参与全球农业科技治理

积极融入全球创新网络,着力推动国际重大科技合作,围绕全球性重大农业问题,重点开展农业基因资源阐析、"一带一路"气候智慧型农业等大科学计划,提升我国农业科技在全球科技创新领域的核心竞争力和话语权。

6. 强化农业基础性长期性科技工作

加快建设一批国家农业科学实验站,组建一批观测监测和数据分析人才队伍;持续开展土壤质量状况、农业病虫害发生规律和变化趋势、养殖环境等动态观测监测和数据收集分析,以把握农业生产要素发展变化的基本途径,阐明农业生产要素的内在联系及发展规律,夯实创新基础。

(三) 政策建议和保障措施

1. 深化农业科研机构改革,进一步明确其职能定位

加快推进农业科研事业单位分类改革,将农业科研机构明确定性为公益性事业单位,并允许有科技成果转化收入。明确农业科研机构职能定位,中央级科研机构要承担战略性科研任务,地方科研机构主要承担区域性农业科研工作,高校要更多承担基础性农业科技研究及农业科研人才培养任务。增加科研机构自主权,充分调动科研院所的创新活力与积极性。

2. 着力新型创新体系建设,强化协同创新

做强现代农业产业技术体系,稳定支持现代农业产业技术体系,重点围绕资源利用、环境控制、精深加工、质量安全等制约产业发展的重大关键问题开展协同攻关。做实国家农业科技创新联盟,着力推动联盟实体化发展,引导不同学科交叉融合、集成创新,为企业、为基层一线提供一体化综合技术解决方案。做优现代农业产业科技创新中心,打造区域经济增长极。做好科企联合体,企业与科研院所建立利益共同体。

3. 优化农业科技投入方式,提升资金利用效率

持续加大政府农业科研投入,建立农业科技投入稳定增长机制,对国立科研机构实行"稳定支持+任务委托"的投入方式,稳定经费保持在70%以上。强化企业研发投入,将农业企业研究开发费用税前加计扣除比例提高到100%以上。增加全社会农业科技投入,设立农业科技创新基金,用于农业公益性科技事业和农业科技市场化资源配置。

4. 推进农业科研机构评价和激励机制改革

加快推进农业科技评价由"论文专利导向"转为"产业需求导向"。选择一批典型农业科研单位，开展科研绩效评价改革试点，推动农业科研机构的评价由"重论文、重专利、重奖励"转为"重创新、重应用、重贡献"。尽快建立农业科研机构和科技人员分类评价机制，突出科研成果技术研发的创新度、产业需求的关联度和对产业发展的贡献度。

5. 强化人才队伍建设，筑牢创新根基

抓好科技研发团队建设，建立科学用人和评价与激励机制，打造具有国际水平的农业科研团队。抓好农技推广队伍建设，遴选学历水平和专业技能符合条件的人员扩充农业技术推广队伍；通过定向培养，提高农业技术推广人员素质。抓好新型职业农民队伍建设，加快推进全面建立职业农民制度，深入实施新型职业农民培育工程，全面提升农业劳动者职业技能水平。优化社会文化环境，营造尊重人才价值的创新氛围。

6. 以我为主，着力提升农业科技层次水平

立足我国农业科技优势特色领域，推进以我为主的农业领域的国际大科学计划。充分利用现有基础设施和优势，吸引全世界农业科技领域人才共同参与，实现科研创新和资源开放共享。继续参与他国发起或多国共同发起的大科学计划，不断提升国际竞争力和影响力。

研究报告 3

农科研究生教育改革与发展 40 年

（中国农业科学院研究生院　刘旭　刘瀛弢　辛贤　王仕龙

王志霞　李艾诺　陈黎明　翟研宁　温洋　王雯）

改革开放以来，农科研究生教育已走过了 40 年，40 年来从弱到强、不断发展壮大，由点到面形成了独具特色的教育培养体系，为我国农业科技进步与农业农村事业发展培养了大批高层次创新人才。当前，农科研究生教育发展进入新的时代，乡村振兴战略的提出、农业农村部改革、学科体系建设及农业科技"顶天立地"的需求，对研究生教育发展提出了更高的要求。本专题以研究生教育为主线，以培育"顶天立地"人才为目标，拟通过对现行教育政策、农科研究生教育实践分析，围绕招生、培养、学位授予、就业指导及留学生教育等全链条的重大问题展开研究，以中国农业科学院和中国农业大学为例，比较研究农业科研机构与农业类高校研究生教育的各自优势，提出农科研究生教育未来发展战略及实现路径，完成咨询报告及政策建议，从满足现代农业科技创新、农业生产发展需要的角度，为高质量发展农业科研机构研究生教育决策提供借鉴。

一、教育规模发展壮大

（一）研究生教育总体发展概览

我国研究生教育是在 1978 年恢复研究生教育之后，才有了真正较大的发展。1980 年全国人民代表大会常务委员会通过《中华人民共和国学位条例》和 1981 年国务院批准《中华人民共和国学位条例暂行实施办法》，标志着我国正式建立了自己的学位制度。1999 年 1 月 13 日，国务院批准了教育部 1998 年 12 月 24 日制定的《面向 21 世纪教育振兴行动计划》。在政府"深化改革，积极发展；分类指导，加强建设；注重创新，提高质量"基本方针的指导下，我国研究生教育也进入了一个急速发展的阶段，招生规模迅速增加。2001年2月15日，第九届全国人民代表大会第四次会议批准的《中华人民共和国国民经济和社会发展第十个五年计划纲要》提出了"加快教育发展，提高全民素质"的发展目标。2001年12月11日，我国正式加入WTO，我国高等教育更加趋于国际化。2002年5月，《中国学位与研究生教育发展战略报告》编写组出台了《中国学位与研究生教育发展战略报告（征求意见稿）》。该报告对中国学位与研究生教育的继续发展进行了前瞻性的规划。

从20世纪90年代初开始，我国高等院校按照"共建、调整、合作、合并"的八字方针，针对原有管理体制存在的条块分割、学校规模效益、办学效益低以及单科性院校过多、人才培养模式单一等问题进行了大刀阔斧的改革。截至2000年，这项改革共涉及全国31个省市的900多所高校，其中，有612所高等学校合并组建为250所，原国务院有关部门直接管理的400余所普通高校多数改为由省级政府管理为主、地方与中央共建，我国以中央和省级政府两级管理、以省级政府管理为主的高等教育管理新体制已经形成。

高等农业教育作为我国高等教育的重要组成部分，在培养农业人才、促进农业生产、培育新型农民、支撑农业科技等方面发挥了巨大作用。据有关部门统计，中华人民共和国成立以来，全国各类农业院校累计培养农科专业大专以上毕业生160多万人，为我国发展现代农业和新农村建设输送了大批高素质和实用型人才。

高等教育体制改革对广大农业院校影响深远，原属农业部管理的高校划归教育部或地方管理，独立建制的农业院校数量也大为减少。截至2003年年底，原有64所高等农林院校中，有17所合并重组成9所，24所合并成新的非农院校或并入大学，如浙江、上海、贵州、广西等省（市、自治区）的农业院校被合并组建成综合性大学，农业院校原有的农学、土化、植保、园艺、畜牧、兽医、农业工程、水利、农经等院系也被分割成若干学院、中心。

对研究生教育而言，"农科"系指高等院校（含科研院所，下同）设立的农学大门类中的各学科（含作物学、园艺学、农业资源利用、植物保护、畜牧学、兽医学、林学、水产、草学九个一级学科）及各高等院校设立的工学、理学、管理学、经济学、医学、教育学等学科大门类中涉及农业其他"种、养、加、产、供、销"等产业链的学科或专业（如农业工程、林业工程、食品科学与工程、水利工程；生物学、科学技术史；农林经济管理、公共管理中的土地资源管理；中药学等），其他则为非农科。

近年来，我国农科博士培养高等院校数量基本保持稳定在70所左右。农科博士培养院校中综合大学和农业院校所占比重基本相当，但同时理工院校、财经院校等通过院校合并、新增专业等方式开始涉足农科博士培养领域。农科博士院校按性质分类排序依次是综合大学、农业院校、科研院所、理工院校、林业院校、财经院校、师范院校。综合大学和农业院校是农科博士的培养主体。2012年农业院校农科博士招生人数占全国的65%，远超过其他性质院校。综合大学和林业院校所占比重也均超过了10%，科研院所的招生人数占总数的8%。

（二）研究生教育发展的重要阶段

根据国家有关农科研究生教育政策变化及研究生教育本身的发展，将农科研究生教育发展分为以下几个阶段。

1. 研究生教育恢复发展阶段（1978—1988年）

中华人民共和国成立之初，我国经济、教育、工农业发展十分缓慢，各行各业百废待兴。1978年12月中国共产党召开十一届三中全会，经过会议讨论决定把全党和国家的工作重心转移到经济建设上来，实行改革开放政策。同时，针对高水平人才严重匮乏的现状，党和国家高度重视研究生教育的培养工作。1978年1月10日，教育部颁布了《关于高等学校1978年研究生招生工作安排意见》，决定将1977年、1978年两年招生研究生工作合并进行（统称为1978级研究生），标志着停滞已久的研究生招生工作开始恢复。同年7月22日至8月3日，教育部召开了研究生培养工作会议，讨论决定实施二年、三年、四年制并行的研究生学制。1978年3月，全国科学大会在北京隆重举行，审议通过了《1978—1985年全国科学技术发展规划纲要（草案）》，同年10月，中共中央正式转发了这个纲要。纲要要求，"中国科学院、高等学校，特别是重点大学要逐步扩大研究生的比重，国务院各部门和各省市自治区的专业研究机构，也要逐步招收和培养研究生"，并提出了"八年内共培养研究生八万人"的具体目标。自研究生教育在全国范围内大力度推进以来，获得研究生招生资格的培养单位和学位点数量及招生人数均逐步增加。从1978年到1988年，有研究生招生资格的高校从200所上升至500多所，截至1986年，招生专业已达2 045个，每年招生人数由1980年的6 420人发展到1987年的3.5万人左右，增长了近5倍。1979年，我国开始招收在职研究生并且允许有条件的地方科研机构招收研究生，1980年以前招收的6 420名研究生中，在职的仅占16%左右，截至

1988年招收的3.6万名研究生中，在职研究生所占比例达到了55.3%。总体而言，1978年至1988年是中国的研究生教育在整个研究生事业发展的恢复发展阶段，是研究生教育与中国特色相互适应作出调整的时期，这一时期对研究生培养模式、学习期限、培养方案进行了系统的修改和调整，为中国的学位与研究生教育和发展奠定了坚实基础。

2. 研究生教育巩固发展阶段（1988—1998年）

经过十年改革开放，中国发生了巨大变化，经济条件、基础设施、人民生活水平均得到大幅改善，综合实力大幅提升，人民思想意识显著提高，为研究生教育营造了良好的社会氛围。1988年5月31日，国家教委、国家计委、财政部、人事部联合发布了《关于进一步改进研究生招生工作的几点意见》，将研究生招生计划分为国家招生计划和用人单位委托培养招生计划两类，"高等学校、以基础研究为主的科研机构、国家重点企业、由财政拨款的文化、医药卫生等公益事业单位、党和国家机关，以及人民解放军对研究生的需求，可以列入国家招生计划。国家招生计划服务范围以外的企事业单位等社会其他各方面的需求，应列入委托培养招生计划""高等学校按国家招生计划招收的研究生，由国家核拨全部培养费用"。此后，国家将研究生招生工作重心转向质量优化和控制。1989年，国家教委发布《关于1989年研究生录取工作的补充通知》《关于对1990年研究生招生工作进行若干调整的通知》，要求教育人员对于招收学科、教师、专业等进行资格复查，并且提高应届本科毕业生的招收比例，加强对应届本科毕业生的考核以及实践锻炼。1994年，对于个别单位出现的以筹办为名挂牌成立研究生院等问题，国家教委研究生办公室重申了审批、撤销和调整高等学校以及研究生院的权限和程序，对违规行为予以整改和调整，进一步推动研究生教育迈向脚踏实地、稳扎稳打。1995年，国家教委发布了《研究生院设置暂行规定》，对于研究生院性质、职责、建院条件、审批条件、教学水平、师资力量等做了明确规定，1996年，按照新的规定，先后有33所大学通过资格审查，建立了研究生院，标志着我国研究生院的设置与建设初步得到规范。

3. 研究生教育快速发展阶段（1999—2009年）

进入21世纪，中国经济飞速发展，各行各业不断壮大导致社会对高质量专业化人才的需求急剧扩张，有力推动了研究生教育事业的规模化、专业化和高质量的发展。据统计，从1999年到2009年的十年间，我国在校研究生规模从23.26万人增长到140.42万人，各大高校的专业学科类别也从6个增长至

19 个。2000 年教育部印发了《关于加强和改进研究生培养工作的几点意见》，明确了研究生教育工作的基本方针，即"深化改革、积极发展；分类指导，按需建设；注重创新，提高质量"。

一方面，为确保研究生论文的质量，国务院学位办开始对博士论文进行抽检（自 2010 年起，国务院学位办每年从国家图书馆调取博士学位论文进行随机抽检）；另一方面，为鼓励研究生论文创新，实行优秀论文评定计划（1998 年教育部和国务院学位委员会启动优秀博士论文评选工作）。

2002 年，国务院学位委员会、教育部印发《关于加强和改进专业学位教育工作的若干意见》，强调要充分认识发展专业学位教育的重要性，统筹规划专业学位教育，积极、主动适应经济社会发展需要，深化专业学位教育制度改革，提高培养质量，建立和完善专业学位教育评估制度，加强国际交流与合作。2005 年，教育部与华中科技大学共同创办了"中国研究生教育创新网"，该平台为研究生教育创新计划提供了交流与参与的信息平台。《关于实施研究生教育创新计划，加强研究生创新能力培养，进一步提高培养质量的若干意见》的颁布为研究生创新计划实施的思想、任务，组织等方面提出了具体建议。2009 年放宽了对专业硕士研究生招生对象的范围，招生对象包括在职人员和应届毕业生两类，且把专业学硕士研究生也分为了在职专业研究生和全日制专业学位硕士研究生两大类。同年国务院学位委员会办公室还发布了《全日制硕士专业学位（分类别）研究生指导性培养方案》，指出了全日制硕士专业学位研究生指导性培养方案；教育部颁布《教育部关于做好全日制硕士专业学位研究生培养工作的若干意见》，该文件对专业硕士学位进行了明确的定位。

4. 研究生教育深化发展阶段（2010 年至今）

研究生教育经过较长时间的快速发展，招生人数大大增加，极大地填补了各行各业对高水平教育人才的需求。伴随着研究生教育规模的扩大，我国研究生教育质量不断提高。《国务院学位委员会 2010 年工作要点》提出，2010 年重点开展研究生教育调研、推进《学位法》立法、改革和完善学位授权审核制度及学位与研究生质量保障与监督制度。2011 年学位与研究生教育工作以"完善制度、提高质量，科教结合、支撑创新，适应需求、引领未来"为基本思路，准确开展各项工作。2013 年，《学位论文作假行为处理办法》（教育部第 34 号令）颁布实施，对抄袭、剽窃、论文作假、论文买卖等严重损坏教育风气的不良行为进行严厉惩戒和打击。2014 年，国务院学位委员会、教育部印发了《关于加强学位与研究生教育质量保证和监督体系建设的意见》，强调要构建以学位授予单位质量保证为基础，教育行政部门监管为引导，学术组织、行业部门和社会机构积极参与的内部质量保证和外部质量监督体系。2016年，教育部印发《关于进一步规范工商管理硕士专业学位研究生教育的意见》，提出要坚持正确办学方向，严控招生纪律，严格教学管理，强化监督落实。

（三）农科研究生教育的发展特点

在高校的农科研究生培养方面，当前我国涉农高校（不含科研院所）农科研究生培养主要呈现以下几个特点。

1. 涉农高校是我国农学门类研究生的培养主体

近年来，农科人才培养呈现出多元化的发展态势，越来越多的综合性大学、理工院校凭借其在办学规模、学科建设、人才储备、办学区位等方面的优势，纷纷开设涉农专业，扩展其学科领域。但从目前情况看，涉农高校是我国农学门类研究生的培养主体，其农学门类在校硕士生和博士生占全国农学门类在校生的比重均在90%以上。

2. 涉农高校中华东地区高校在培养规模中比重最大

我国各地区人才培养规模分布很不均衡，华东地区凭借其历史、区位和教育资源等优势，在我国涉农人才培养中占有重要地位。华东地区涉农硕士和博士院校数量分别占全国总数的25.37%和25.00%，2012年在校硕士生占总数的29.66%，在校博士生占总数的39.86%，农学门类在校硕士生占总数的28.17%，农学门类在校博士生占总数的27.10%，均在各地区院校中占最大比重。

3. 涉农高校中综合大学在培养总规模上占绝对优势，农业院校在农学门类人才培养中居主体地位

从人才培养的总规模来看，综合大学凭借强大的教育实力占绝对优势，其院校数量在涉农高校中所占比重为硕士35.82%、博士39.58%，在校硕士生和博士生分别占总数的61.58%和66.05%。而农业院校在农学门类的人才培养方面占主体地位，其院校数量在涉农高校中所占比重为硕士46.27%、博士47.92%，农学门类在校硕士生和博士生分别占总数的74.40%和70.55%。

4. 涉农高校中中央教育部门所属院校和省级教育部门所属院校是研究生培养的主体

从涉农高校的隶属关系分布来看，中央教育部门所属院校在博士培养方面处于优势地位，省级教育部门在硕士培养方面占有最大比重。中央教育部门所

属院校在校博士生占总数的 78.28%，农学门类在校博士生占总数的 54.74%；省级教育部门所属院校在校硕士生占总数的 48.01%，农学门类在校硕士生占总数的 62.64%。而省级其他部门所属院校在院校数量、在校生规模上所占比重均较小。

5. 涉农高校人才培养的学科结构呈现多元化特点

从人才培养的学科分布来看，农学门类人才培养规模的分布不尽相同。按性质类别分析，农业院校和林业院校人才培养依然保持农林学科的特色，二者农学门类在校生的比重较高，而综合性大学更注重多学科、多元化发展，其农学门类在校生比重较低。按隶属部门分析，农学门类人才培养有向地方院校发展的趋势，省级教育部门和省级其他部门所属院校农学门类在校生所占比重较高，而中央所属院校农学门类在校生所占比重较低（表1）。

表1　2019年中国农林类院校排行榜（不含科研院所）

序号	学校名称	"双一流"建设高校	总分	综合排名
1	中国农业大学	一流大学A类	42.9	42
2	华中农业大学	一流学科	39.1	67
3	南京农业大学	一流学科	39.0	69
4	西北农林科技大学	一流大学B类	37.8	81
5	北京林业大学	一流学科	36.8	91
6	华南农业大学		34.0	122
7	东北农业大学	一流学科	33.0	138
8	东北林业大学	一流学科	32.5	143
9	浙江农林大学		31.1	158
10	四川农业大学	一流学科	30.9	163
11	南京林业大学	一流学科	29.8	187
12	湖南农业大学		29.6	193
13	上海海洋大学	一流学科	29.6	193
14	福建农林大学		29.1	204
15	安徽农业大学		29.0	206
16	中南林业科技大学		28.8	210
17	河北农业大学		27.9	237
18	沈阳农业大学		27.6	246

(续表)

序号	学校名称	"双一流"建设高校	总分	综合排名
19	浙江海洋大学		27.6	246
20	河南农业大学		27.1	260

(四) 以中国农业科学院和中国农业大学为例的研究生教育发展历程研究

1. 招生规模不断扩大

就中国农业科学院来说，从1985年开始，招收第一批博士研究生10人，1988年试行在职人员以研究生同等学力申请硕士学位工作，1991年获国务院正式批准，招生类别不断丰富。博士研究生教育的开展带动了中国农业科学院研究生院学科体系的完善，至2001年，共设有13个博士学位授予点，35个硕士学位授予点。师资队伍在原有基础上稳步发展，稳定在150人左右，每年开设课程80门以上。2002年获得招收农业推广专业学位研究生资格，2003年招收第一批专业学位研究生12人。2003年，研究生招生规模比上年增加近一倍，2004—2007年，以10%的年增长率稳步增长。2007年获北京市教育考试院颁发的招生突出贡献奖，2018年获北京市教育考试院颁发的北京市全国硕士研究生招生考试工作先进单位。2006年，经教育部批准，中国农业科学院研究生院获得招收外国留学生资格。2008年，招收首批来华留学生11人。2012年获得招收港澳台研究生资质。2013年，中外合作办学项目获得教育部批准，首批招生18人；2016年，全日制研究生招生突破千人大关，创历史新高；当年留学生招生试行"全年接受申请、春秋两季入学"，当年招生132人，比上年增长180%。2019年中国农业科学院首次试点博士研究生"申请-考核制"招生选拔方式。兽医学院作为博士招生"申请-考核制"先行试点，制定了《中国农业科学院研究生院兽医学院2019年博士研究生"申请-考核制"招生方案》（试点），在兽医学院及相关7个研究所基础兽医学、预防兽医学、临床兽医学、兽药学等4个专业试点施行。2019年招收各类研究生1 722人，比建院之初增长37倍，在读研究生5 671人，其中在校留学生518人。截至2019年9月，毕业研究生共计12 050人，共授予博士、硕士学位15 317人（图1）。

以中国农业大学为例，改革开放伊始，在招生工作上，积极组织入学考试，根据情况认真调整各专业研究生入学考试科目，探讨接受推荐免试生办法；为满足国家经济建设和社会发展需要，发挥学校潜力，加强与用人单位合作，扩大招收有一定经验的在职人员入学等。1978—1986 年，中国农业大学共招收研究生 1 557 人（占农科总招生人数的 30%），其中博士生 63 人，委托培养硕士生 136 人。在此期间，学校共有 43 个研究生专业（其中西区 32 个），其中可授予博士学位的学科专业 22 个（其中西区 20 个）；另外还有一个农科唯一的博士后流动站。招生上，2013 年作为全国首家全面实施博士生"申请考核制"招生的单位，顺利完成了博士生招生录取工作，达到预期目标。2013 年，中国农业大学通过申请考核制招收的博士研究生共 402 人，报名录取数据指向与改革目标一致。改革开放以来中国农业大学研究生招生规模不断扩大，2018 年中国农业大学共录取研究生 3 431 名，其中硕士生 2 511 人，博士生 920 人。

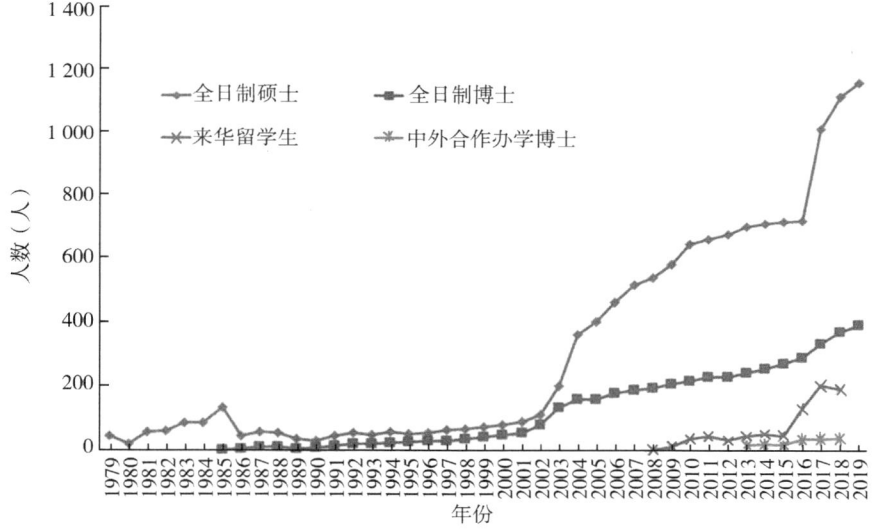

图 1　建院至今招生规模发展变化情况（按全日制招生全口径统计）

2. 培养教学管理体系持续完善

中国农业科学院建院初期，实行"两段式"培养，一年级研究生分别去往当时的北京农业大学、南京农学院、西北农学院、浙江农学院、华中农学院、武汉水电学院等院校学习有关课程，第二学年回到各研究所学习专业课、开展科研、撰写论文。1984 年开始筹备课程建设，全年自主建设并开设 28 门课程；初步建立起了教学体系和师资队伍，开始独立组织授课，进行硕士研究生培养。

随着教学培养等条件的不断改善,中国农业科学院研究生教育产出质量不断提升。自 1999 年全国优秀博士论文评选开始,连续三年榜上有名;1999 年,中国农业科学院研究生院被教育部和国务院学位委员会评为"学位与研究生教育管理工作先进集体"。2002—2019 年,深入推进研究生教育改革,招生规模实现了跨越式发展,培养质量、教学条件、国际合作与交流等方面取得了较大进步。在农业农村部和中国农业科学院的领导、支持和帮助下,中国农业科学院研究生院利用北京地区高校和科研院所集中的地域优势,通过外聘兼职教师的方式为研究生开设基础课和专业基础课,同时,在本院科研人员中选聘了一批专业课、实验课的兼职教师,组建了自己的教师队伍,1985 年,开设 40 余门课程。2012 年起,通过实行"大-小"学期制、建立专业课教研室,实行学院制改革等措施,全面提升培养水平。截至 2019 年 9 月,全院自主建设课程达到 225 门,教学体系逐步完善。

1978 年 1 月,随着教育部研究生学校招生工作会议的召开,中国农业大学在培养工作方面,为了贯彻落实学位条例,积极组织参与全国农科硕士研究生培养方案的制定工作,同时在制定工作中统一全校对研究生培养要求的认识;重点加强课程建设,加快建设步伐。1982 年前研究生培养没有统一培养要求,为研究生开的课程很少,1982 年后为贯彻实施学位条例,学校加快了课程建设步伐,到 1986 年已开设了 320 门课程,占培养方案应开课程的 90% 以上,基本满足了学生选课的需要。在管理工作方面,为了保证研究生工作的有序进行,这期间制定了有关培养、管理、学位授予等规章制度。1984 年经国务院批准,中国农业大学设立研究生院,成为当时首批试办研究生院之一。研究生院成为校长领导下具有相对独立职能的研究生教学和管理机构,研究生院院长由一位副校长担任,下设培养处和管理处,学校研究生教育管理机构得到了充实和加强。改革开放 40 年,中国农业大学的培养教学体系持续完善。2018 年学校被确定为首批学位授权自主审核的 20 家单位之一,享有更多的办学自主权:一是根据学校发展需要,每年都可自主增列和调整博士、硕士学位授权点。二是学校将具有更大的学科设置权,既可自主设置学科目录规定的一级学科和专业学位类别,还可自主设置交叉学科,按一级学科管理。这为服务国家战略、开展科学研究和培养创新人才,提供了更大的发展空间。

3. 师资队伍不断壮大

中国农业科学院定期举办专兼职教师及新聘任导师培训班,提升课堂教学及指导水平;实行网上教学评估,评选年度"优秀教师"和"教学名师";严格博士生导师遴选,实施导师资格年审制。截至 2019 年,有导师队伍 2 167

人,其中院士13人、博士生导师727人。现有教师队伍493人,其中中国农业科学院教师277人,占教师总数的56%。

中国农业大学目前拥有博士学位授权一级学科20个,二级博士学位授权点97个,硕士学位授权一级学科30个,硕士二级学位授权点149个。9种专业学位类型,覆盖农学、工学、理学、经济学、管理学、法学、哲学等7个学科门类。学校拥有一支实力雄厚、结构合理的研究生导师队伍,拥有专任教师1 738人,其中教授(含研究员)635人、副教授(含副研究员)862人。研究生导师1 406人,其中博士生导师904人。学校有中国科学院院士5人、中国工程院院士7人,"千人计划"人才(含青年项目)17人,"长江学者奖励计划"特聘教授(含青年项目)34人,"国家杰出青年科学基金"获得者45人,国家"973计划"项目首席科学家15人,"百千万人才工程"国家级人选27人,教育部"新世纪优秀人才支持计划"人选143人,享受政府特殊津贴专家82人。聘请了包括诺贝尔生理或医学奖获得者、"DNA之父"James Watson和我国杰出的农业科学家、杂交水稻之父袁隆平院士在内的一批国内外著名学者担任名誉教授(来源学校主页简介)。

4. 学科发展由弱到强

以中国农业科学院为例,学位授权点从建院初期的3个博士学位授权学科专业、15个硕士学位授权学科专业发展到2019年的生物学、生态学、农业工程、作物学、园艺学、农业资源与环境、植物保护、畜牧学、兽医学、草学、农林经济管理11个博士学位授权一级学科、51个博士学位授权二级学科;16个硕士学位授权一级学科;1个博士专业学位授权类别、4个硕士专业学位授权类别。学科体系日趋完善、学科布局不断优化,实现了农学门类下的9个一级学科全覆盖以及工学门类博士学位授权一级学科和博士专业学位授权类别"零"的突破。在全国第四轮学科评估中,作物学、植物保护、畜牧学、兽医学4个学科被评为A+,生物学、农业资源与环境2个学科被评为A-,A+学科数与全国高校相比居于并列第12位,A类学科数占参评时具有博士学位授权一级学科数的60%,学科建设取得突出成绩。

通过长期发展,中国农业大学形成了农业与生命科学、资源与环境科学、信息与计算机科学、农业工程与自动化科学、经济管理与社会科学等五大学科群。涉及农学、工学、理学、经济学、管理学、法学、文学、医学、哲学、教育学等10大学科门类。学校拥有11个博士学位授权一级学科、61个博士学位授权点、96个硕士学位授权点(分布在10个学科门类,38个一级学科内)。其中,国家级重点学科19个(全国高校排名第八),农业农村部重点学科11

个，北京市重点学科 4 个。其基本特点是：以生命科学、农业工程学科为主体，兼有经济学、法学、哲学、管理学、医学等学科，已实现由单一学科向多学科、综合性的过渡。在 2002—2003 年度全国 80 个一级学科评估中，共有 5 个学科（植物保护、农业工程、畜牧学、兽医学、食品科学与工程）名列全国第一，在全国高校排名第三；2 个学科（农业资源利用、作物学）列全国第二。中国农业大学共 8 个一级学科排全国前 5 名，处全国高校的前列。2016 年开展首届研究生教育教学成果奖评选，共评选校级优秀成果 29 项，中国学位与研究生教育成果奖实现突破，2014 年至今累计获奖 3 项，2018 年康绍忠院士团队教学成果获实践类教学成果特等奖。在第四轮一级学科水平评估中，6 个一级学科获评 A+，获评 A+ 的学科数量在全国高校中排名第六位。

（五）农科研究生教育发展与政策导向经济发展的关系

1. 农科高等教育养活中国人

教育部高等教育司司长吴岩强调，新时代高等农林教育大有可为，要紧抓机遇，把各项改革行动落实落实再落实，建设发展好新农科，进一步把高等农林教育质量实实在在提起来，推动高等农林教育创新发展，为打赢脱贫攻坚战、推进乡村全面振兴不断作出新的更大贡献。1995 年，美国作家莱布斯·布朗写书发问"新世纪谁来养活中国人"，曾引发一时轰动。现在看来，答案显而易见。2018 年，中国粮食总产量达到 6.5 亿吨。我国粮食产量不仅稳步提升，还实现了许多农林领域的技术突破。基本解决粮食供应问题，正是依靠传统农林学科的发展与进步。

2. 推动高层次创新型农科研究生教育和创新科技人才培养

"创新是一个民族前进的不断动力"。中国作为一个农业大国，只有推进创新科技农业的发展，才能推动中国从农业大国向农业强国迈进。改革开放以来，农林研究生已然成为农业科技创新团队的生产军和主力军，是农业发展不可或缺的科研创新力量，具有较高的思维活跃度和创新精神。农林研究生的教育已经由"量"向"质"有了一个飞跃，从单纯地解决学术上的问题向多维化、复合型开始转变，将农林研究与交叉学科、新兴学科相对接，在注重科技与经济的紧密结合，深入农业生产第一线，加速科技成果的转化应用与产业化的同时，与国际紧密对接，加快培养复合型多层次农林人才。

3. 加强对外开放，与国际化相接轨

随着改革开放的进行，中国的大门已经打开，各大农科研究生培养单位积

极开展农业科技国际合作与交流工作，在引进师资、引进管理经验、培养人才及农业科技"走出去"等方面取得了显著成就，有力地促进了人才队伍建设和学科发展，为不断增强自主创新能力，缩短与农业发达国家的差距，大力提升在国际农业科技界的地位和影响力发挥了重要的作用，研究生教育国际交流已成为我国农业科技国际合作的重要窗口。

中国农业科学院研究生院始终面向国际农业科技教育发展前沿，积极服务国家科教外交大局和科技创新需求，建立完善国际教育管理和质量保证体系，助力"一流研究生院"和"一流学科"建设，打造了以农业和生命科学为优势、以全日制研究生学历教育为主体、以博士生教育为特色的国际教育品牌。来华留学生教育实现跨越式发展。2007年经教育部批准获中国政府奖学金外国留学生接收资格。建立基于"院所结合，两段式培养"和中外学生趋同培养的留学生工作管理机制和质量保证体系。2019年10月获得高等学校来华留学质量认证，成为全国首批正式认证院校。截至2019年10月，中国农业大学在校留学生人数522人，来自全球57个国家，博士留学生规模（466人）位于全国农林类高校首位。累计毕业留学生343人，分布在全球54个国家。近3年有7名博士生获得中国政府优秀来华留学生奖学金。中外合作办学博士学位教育稳步提升。围绕"高层次、研究型、国际化、有特色"的办学目标，积极探索国际合作新机制，2013年，研究生院与比利时列日大学合作举办国内农业领域首个博士层次的中外合作办学项目，2016年开始与荷兰瓦赫宁根大学合作举办农业和生命科学博士学位教育项目，实现了高层次国际化人才培养新模式新突破，促进国际合作与研究生培养的融合发展。国际教育合作全球布局迈上新台阶。全面拓展国际合作伙伴，持续提升国际合作交流水平，现与52个国家及21个国际组织签署了合作协议，拥有70个国际联合实验室、7个国际参考实验室和5个海外联合实验室，国际合作全球布局和国际教育水平的全面提升，有力支撑了中国农业科学院高层次国际化创新人才培养。

中国农业大学广泛开展国际交流与合作，努力扩大开放，加速国际化进程。学校与东欧、中亚、非洲、拉丁美洲、北美等49个国家和地区的237所大学、研究单位建立了友好合作关系。校内设有国际学院、中德综合农业发展中心、中荷奶业中心、中以国际农业培训中心等国际教育、科研与培训机构。学校与荷兰瓦赫宁根大学、美国加州大学戴维斯分校、康奈尔大学和巴西圣保罗大学合作建设"世界顶尖涉农大学（A5）联盟"，并在此机制下开展各项实质性合作。在加强与世界一流大学合作的同时，学校积极响应"一带一路"倡议，与"一带一路"沿线国家院校探讨农业科研与教育合作交流计划，成立了

"一带一路农业合作学院"和"中国南南农业合作学院",先后成立了"一带一路"动物科技创新联盟和"一带一路"与南南合作农业教育科技创新联盟,并依托联盟成立了10个"一带一路"农业合作中心。

2003年,中国农业科学院首次选派10名博士研究生参与荷兰瓦赫宁根大学的联合培养项目,2004年,与美国德克萨斯农工大学合作开展HACCP培训,举办首届国际HACCP中国高级师资培训班。2006年重新启动了美国俄亥俄州立大学来华学习项目,共接收学生30人。2007年,中国农业科学院研究生院被列为指定接收获得中国政府奖学金来华留学资格学生的院校。2008年招收首批留学生11人。博士和硕士项目的学习期限通常为3年。授课语言为英语或中英文双语教学。试行"全年接受申请,春秋两季入学"的招生方式。留学生奖学金类型包括中国政府奖学金、北京市外国留学生奖学金、研究生院奖学金和外国政府及国际组织奖学金。

研究生院积极服务国家"一带一路"和农业"走出去"战略需求,以留学生教育和中外合作博士项目为抓手,扎实做好国际教育合作与交流工作。截至2019年秋季学期,中国农业科学院在校留学生规模达518人,其中博士467人。留学生来自亚洲、非洲、北美洲、南美洲和大洋洲的57个国家,分布在全院31个研究所、40个学科专业(图2)。毕业留学生343人,其中博士285人,硕士58人。近3年有7名博士生获得中国政府优秀来华留学生奖学金。

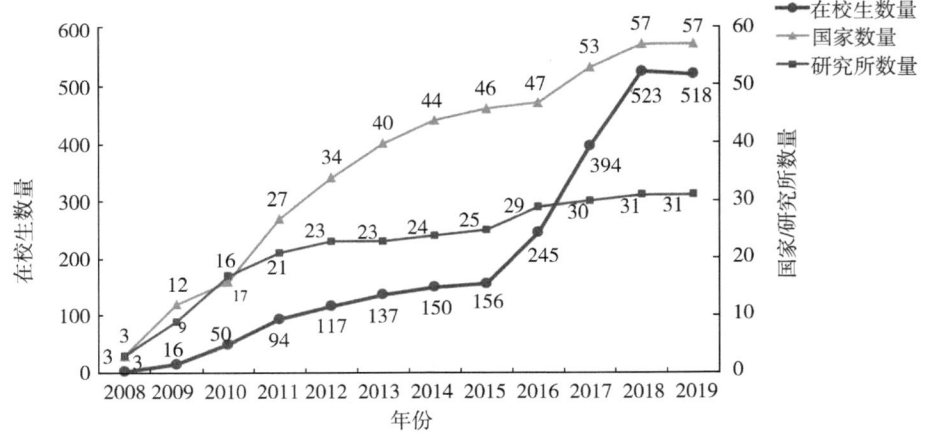

图2 中国农业科学院研究生院来华研究生情况

二、农科研究生教育结构概览

(一) 农科研究生生源结构现状

1. 在现有招生规模的基础上,生源质量有待进一步提升

由于农业行业十分艰苦,生产周期长,回报率较低,愿意学农的研究生越来越少,综合性院校和其他行业院校的毕业生(包括应届本科毕业生)一般都不愿意报考农林院校,而农林院校自己的优秀毕业生报考研究生时,或报考重点大学的相关专业,或更换所学专业,这使得农林院校的研究生生源数量远远不足,整体质量不高,学习成绩处于中等水平的本科生和自考本科毕业生、同等学力考生成为农林院校研究生生源的主体。从表 2 可以看出,从 1998—2004 年,农学门类的研究生考录比(报考人数与录取人数之比)在十二大学科门类中排名十分靠后。2004 年,全国报考人数超过千人的专业共有 179 个,而农科类专业只有 7 个;报名人数排在前 100 名的专业中,农科类专业没有 1 个。如表 3 所示,农林院校硕士研究生考录比大大低于综合院校和其他行业院校。在 2003 年硕士招生中,全国平均考录比为 3∶1,综合性大学大多在 5∶1 到 6∶1,而农林院校在 2.5∶1 左右。2004 年,报名人数排在前 100 名的单位中,农林院校只有两所,一所是中国农业大学,排名第 75 位,另一所是西北农林科技大学,排名第 95 位。生源数量不足和质量不高,使许多农林院校的研究生招生任务要靠大量录取调剂考生才能完成。

2. 同一学校内部生源分布不均匀,生源向名师及非农专业导师汇聚

农林院校不同专业学生分布不均。例如,如表 4 所示,1996—2002 年,金融、食品科学、资源管理、微生物学、预防动物医学等五大类考生(占招生人数的 10%),考生人数占考生总数的 30%,25 个专业不到 30 人(占考生总数的 50%),考生人数仅占考生总数的 17%。2005 年湖南农业大学招收硕士研究生 36 名,其中高等教育、观赏园艺、生态学、动物营养学、饲料科学、企业管理、环境工程、农产品贮藏、加工与工程、植物学、作物栽培等 9 个专业招生人数仅占招生总数的 25%,但申请人数接近 50%。

表 2 1998—2004 年硕士生考录比情况统计（学科门类）

学科门类	1998 年	1999 年	2000 年	2001 年	2002 年	2003 年	2004 年
哲学	4.034∶1	3.458∶1	2.872∶1	2.305∶1	2.381∶1	2.318∶1	2.318∶1
经济学	6.307∶1	6.777∶1	5.125∶1	4.550∶1	4.489∶1	4.483∶1	4.481∶1
法学	6.479∶1	6.890∶1	5.923∶1	5.548∶1	6.065∶1	6.125∶1	6.147∶1
教育学	4.896∶1	4.702∶1	4.223∶1	4.016∶1	4.834∶1	4.924∶1	4.964∶1
文学	5.541∶1	5.197∶1	4.655∶1	4.117∶1	4.828∶1	4.928∶1	4.928∶1
历史学	4.158∶1	3.881∶1	3.260∶1	2.771∶1	3.109∶1	3.119∶1	3.109∶1
理学	3.055∶1	3.000∶1	2.627∶1	2.365∶1	2.583∶1	2.586∶1	2.582∶1
工学	4.144∶1	3.568∶1	3.253∶1	2.696∶1	2.761∶1	2.691∶1	2.731∶1
农学	2.842∶1	2.481∶1	2.242∶1	1.992∶1	2.407∶1	2.410∶1	2.414∶1
医学	5.492∶1	5.102∶1	4.376∶1	3.899∶1	4.323∶1	4.346∶1	4.351∶1
军事学	3.438∶1	3.792∶1	2.871∶1	1.347∶1	1.477∶1	1.417∶1	1.427∶1
管理学	—	5.967∶1	5.601∶1	4.671∶1	5.252∶1	5.273∶1	5.267∶1
全国平均	4.700∶1	4.440∶1	3.941∶1	3.414∶1	3.692∶1	3.601∶1	3.458∶1

表 3 1998—2004 年硕士生考录比情况统计（院校类别）

院校类别	1998 年	1999 年	2000 年	2001 年	2002 年	2003 年	2004 年
综合院校	4.861∶1	4.581∶1	4.201∶1	3.827∶1	4.155∶1	4.675∶1	4.155∶1
工科院校	4.222∶1	3.937∶1	3.524∶1	2.899∶1	3.084∶1	3.483∶1	3.084∶1
农业院校	2.955∶1	3.075∶1	2.586∶1	2.238∶1	2.496∶1	2.503∶1	2.496∶1
林业院校	3.346∶1	3.186∶1	2.858∶1	2.487∶1	2.950∶1	2.978∶1	2.950∶1
医药院校	5.274∶1	4.895∶1	4.204∶1	3.712∶1	4.109∶1	4.249∶1	4.109∶1
师范院校	4.934∶1	4.887∶1	4.164∶1	3.631∶1	3.895∶1	3.925∶1	3.895∶1
语言院校	5.579∶1	4.421∶1	4.376∶1	3.285∶1	3.909∶1	4.129∶1	3.909∶1
财经院校	7.164∶1	7.132∶1	5.777∶1	4.677∶1	5.433∶1	5.623∶1	5.433∶1
全国平均	4.700∶1	4.440∶1	3.941∶1	3.414∶1	3.692∶1	3.601∶1	3.458∶1

表4 设立研究生院的四所农林院校报考硕士生人数在全国农林院校中的比例

项目	1996年	1997年	1998年	1999年	2000年	2001年	2002年
报考农林院校的总人数	5 830	6 640	7 720	9 523	11 844	14 277	19 804
报考四所设立研究生院的农林院校人数所占比例（%）	26.24	25.27	24.19	22.62	22.94	23.22	22.79

（二）中国农业科学院研究生生源结构简述

中国农业科学院作为国家级农业科研单位，在人才、平台、交流等方面有着独特的优势，但在农科研究生培养的生源方面与其他高校存在同样的问题。为了吸引优秀生源，中国农业科学院先后采取了系列举措：组织培养单位招生管理人员分别赴南京林业大学、湖南农业大学等高校开展学术报告式招生宣讲；发挥手机端招生微信公众号平台的优势，发布招生简章和定期推送系列研究生考试的文章，提升公众号的关注度；指导研究所开展特色鲜明丰富多彩的暑期夏令营，扩大社会知名度等，通过一系列措施，在推免生方面取得了一定的成效：2017年，22个研究生培养单位34个专业接受了145名推免生（来自46所高校），比2016年增加28名，其中65人来自211/985高校，占到44.8%；2018年，130人成为中国农业科学院2019年推免生，其中56人来自211/985高校，占到43.08%；2019年，接受2020年推免生116人，首次招收直博生6人，54人来自211/985高校，占到46.6%。

经过多方努力，在一定程度上改善了中国农业科学院的生源质量，但来自"双一流"高校生源仅占招生总数的20%左右。近年来，随着高校对优质生源质量的重视，农科研究生教育面临生源质量的普遍问题。

（三）服务方向及就业去向

1. 农科类研究生的总体就业现状

总体来说，农科类研究生就业情况存在以下一些问题，农科研究生主要从事自然科学研究工作，而自然科学研究很大程度上对试验的时间有一定的要求，很多硕士研究生在规定学习时间内只能参与导师科研工作的某一阶段，很难完整地完成整个课题研究任务，使得硕士研究生在找工作时处于一个尴尬的阶段，科研单位和高校对于发表文章和科研成果有很高的要求，更多倾向于博士生，而公司、企事业单位对综合素质要求较高，农科研究生单一的学习经历比起综合性院校的研究生没有优势，很多农科硕士研究生最后从事的工作和本专业毫不相干。博士研究生虽然毕业后能够相对顺利地进入科研机构和大学，但从导师的角度来讲，遇到一个具有较高素养的研究生很难，非常优秀的博士研究生往往会被导师留在自己的课题组延期毕业，这种情况下一方面导致毕业时间晚，在瞬息万变的当今社会，可能会失去很多机会，另一方面博士研究生即使不愿意从事科研工作，但由于年龄的限制很多工作已经不适于自己。上述两种情况，导致目前农科院研究生就业情况不容乐观，很多本科生在研究生学科专业选择时会刻意地避开农科相关专业，不利于农科研究生教育长远发展。

近年来，我国的农科类研究生培养工作得到了很大的发展与进步，但是随着农科类研究生的不断扩招，其毕业人数也在不断增多。据统计，全国研究生毕业人数从 2001 年的 6.78 万人增至 2011 年的 52.4 万人，导致农科类研究生的就业形势越来越严峻。我们希望通过调查研究，充分认识目前农科类研究生的就业现状，并寻求合理可行的解决办法，以缓解当前农科类研究生所面临的严峻就业形势。

农业科技人才的就业形势越来越严重，就业形势越来越令人担忧。根据我国一些农林院校农业和农业研究的现行就业率，总体就业趋势呈下降趋势。农科类研究生大多希望在政府机构、科研机构等岗位上工作。例如，随着国家公务员制度体系的完善，公务员的工资和待遇也得到了很大的提高，工作岗位相对稳定，可以吸引农业院校的研究生从事公务员工作。同时，在就业困难的压力下，农业部门的一些研究生选择进一步深造，高等教育的目的不是对科学研究感兴趣，而是通过更高的教育程度来找到更好的工作，因此，为了缓解就业压力，该比例也在逐年上升。这些情况反映在目前的情况下，例如农业部门毕业生的工作选择方向的比较，以及对他们自己的就业观念的改变的需要。在就业地点的选择方面，农业科技类毕业生主要集中在沿海城市、省会城市、直辖市和其他经济发达地区，根据农业和农业科学部门的数据，农业大学的研究生主要选择在沿海城市或更发达的内陆地区工作。

2. 中国农业科学院毕业生就业服务概况

以中国农业科学院 2017—2019 年毕业生就业情况为例。2017 年，毕业生共计 890 名（含定向委培生 74 人），其中，博士生 223 人，硕士生 667 人，毕业生总数比 2016 年增加了 4.43%。截至 2017 年 10 月 31 日，总体就业率为 97.98%，相对于 2016 年同期的 95.78% 有所上升。就业去向如下：考取博士和继续做博士后研究 187 人，出国留学 20 人，签署三方协议 299 人，签劳动合同

3 人，灵活就业 363 人，总就业人数 872 人。共有 17 名毕业生到西部地区工作，其中博士 6 人，硕士 11 人；应聘北京村支部书记助理和村主任助理的毕业生共 15 人，其中有 2 人已签订三方协议，奔赴村官岗位。

2018 年，毕业生共计 872 名（含定向委培生 46 人），其中，博士生 211 人，硕士生 661 人。截至 10 月 31 日，总体就业率为 97.13%，就业去向如下：考取博士和继续做博士后研究 205 人，出国留学 34 人，签署三方协议 270 人，签劳动合同 16 人，灵活就业 322 人，总就业人数 847 人。截至 10 月底，共有 19 名毕业生到西部地区工作，其中博士 6 人，硕士 13 人；应聘北京市选调生的毕业生共 35 人，其中共有 10 人已签订三方协议，奔赴基层岗位。

2019 年，毕业生共计 900 名（含定向委培生 68 人），其中，博士生 247 人，硕士生 653 人。截至 10 月 31 日，总体就业率为 95.56%，就业去向如下：考取博士 169 人，出国留学 33 人，签署三方协议 312 人，签劳动合同 8 人，灵活就业 338 人，总就业人数 860 人。截至 10 月底，共有 28 名毕业生到基层工作，其中博士 8 人，硕士 20 人。应聘河北省选调生的毕业生共 35 人，其中共有 10 人已签订三方协议，奔赴基层岗位。从 312 名已签约毕业生的就业去向来看，到党政机关就业 11 人，科研单位 135 人，高等教育系统 62 人，中等、初等教育单位 5 人，医疗卫生单位 2 人，一般事业单位 28 人，企业 69 人（其中国有企业 24 人）。

通过上述数据可以看出，农业类高校毕业生的去向与本身学历有关，但真正从事农业相关工作的人员比例所占不高。

三、农科研究生教育质量分析

（一）教育质量评价导向

1. 明确评价基本方向

开展影响力评价工作，目的是为了更好地扩大研究生培养单位的知名度和美誉度，用评价这个"指挥棒"规范单位提升外部影响力，进而推动资源合理配置。要按照创新驱动发展战略要求，以引领和推动重大科技创新和成果转化作为抓手，以政府、公众、媒体舆论等作为评价主体，科学评价科研单位这个客体对国家、社会、行业等发展作出的贡献，准确反映出研究生培养单位的社会影响力和外部口碑。

2. 把握科学评价原则

一是以评促建。通过正确引导，推动研究生培养单位努力建设成为面向世界农业科技前沿、面向国家重大需求、面向现代农业建设主战场的现代一流科研院所。二是正确导向。遵循科学研究单位发展的内在规律，综合反映各单位的社会影响。在梳理各类指标时，要避免"四唯"倾向，注重从科技投入维度、产出维度、社会公众影响维度等出发，更加重视科技创新工作的质量、效率和贡献等指标。三是科学公正。选取指标既基于现有科研单位科技评价体系中的核心指标，又要立足单位实际，力求反映单位影响力的主要特征。四是易于操作。抓住少数关键性指标体系，不宜面面俱到，做到高效、简洁、易行、可操作。同时要打通科研、财务、人才等数据库接口，实现各类数据一次性填报，多类别全过程共享共用，进一步为科研人员松绑减负。

3. 客观选取评价指标

要结合研究生培养单位实际，根据影响力评价目标和原则，需从学术影响力、决策影响力、媒体影响力、基层影响力、国际影响力和创新能力等6个方面，科学选取评价指标，综合评价一个科研单位的影响力水平。从影响力角度看，选取学术影响力指标，从各个角度对科研单位的学术声誉、学科影响进行全面衡量，评价其核心影响力。选取决策影响力指标，把握科研单位在公共政策形成的不同阶段对决策过程的影响，评价其对政府部门影响和智囊作用。选取社会影响力指标，评价科研单位新闻传播价值和舆论认知，评价其在媒体传播方面的影响力。选取基层影响力评价指标，分析其在面向现代建设主战场中的作用，评价其基层影响和口碑。选取国际影响力指标，科学分析其国际话语权和地位。科研机构具有自己独特的属性，其自身的科研条件、人才培养、开展研究的科研经费水平等与其影响力之间存在一定的关联。可考虑选取创新能力指标，评价其创新基础发展实力。

4. 注重评价结果运用

为了使影响力评价工作真正推动研究生培养单位发展，推动评价工作取得实质效果，要注重加强评价结果的运用。加强"正负杠杆"影响，将影响力评价结果与科技评价结果、干部考核等相结合。一是评分结果与科技评价结果挂钩。将影响力评价结果作为开展科技评价、科学衡量科研单位实际竞争力和水平的有效补充。二是依据评价结果配置资源。推动项目经费、人才帽子等资源向创新能力强的单位、科研团队和个人倾斜。三是作为干部考核参考依据。年度影响力评价结果可作为单位党政负责人年度考核及职务调整的重要参考依据。

(二) 研究生教育质量——以中国农业科学院为例

根据教育部有关研究生教育质量评价的要求，选取中国农业科学院2019年研究生教育中生源质量、培养过程质量及教育产出质量作为参考。

1. 中国农业科学院研究生生源质量

2019年，中国农业科学院紧紧围绕提高生源质量这一核心任务，通过继续采取提高推免生接收人数、举办研究所特色大学生夏令营、加强复试监督管理等措施，不断加大招生宣传力度，提高社会知名度和影响力，强化人才选拔机制，促进生源质量稳步提高。

2019年，中国农业科学院录取的850名全日制硕士生中，推免生有130名，占总录取人数的15.3%，录取的394名博士生中，硕博连读生有51名，占总录取人数的12.9%，生源质量显著提升。录取硕士生中本科毕业于"211"或"985"院校的占23.2%，较2018年（20.8%）提高了2.4个百分点；录取博士生中硕士毕业于"211"或"985"院校的占24.1%，较2018年（21.3%）提高了近3个百分点；中国农业科学院本院毕业硕士生占45.9%，较2018年下降了近2个百分点，生源结构显著优化。

2. 中国农业科学院研究生教育培养过程质量

修订研究生培养方案。组织完成2018年获批新增水产和大气科学硕士一级学科研究生培养方案的制定，以及新增工程硕士食品工程领域、图书情报硕士专业学位研究生培养方案的制定。积极组织教师队伍，按课程设置要求筹建、组织开设了18门新课程，其中15门课程为必修课（专业学位课或领域主干课）。

完善课程体系建设。构建科学合理的课程体系，及时更新课程内容，丰富课程类型。针对导师、研究生开展课程需求调研，不断开发、建设反映科研需求的课程类型，实现科研实践与科学教育的"无缝式"衔接。充分发挥教学委员会与教研室的作用，建立规范、严格的课程审查机制。在部分专业基础课教学上采取"基础部分+提高部分"的分层教学模式，满足不同层次学生的学习需求，做好不同阶段课程的衔接。在课程设置上，强化前沿进展专题课程与模块化课程，鼓励由多位教师共同承担一门课程的教学工作，提高研究生课程质量，2019年专题课程占23%，模块化课程占11%。在教学模式上，鼓励小班授课、研讨式教学与实践教学，2019年公共英语课程全部实施小班授课，研讨式教学课程占比27%，安排实习实践的课程占15%。继续实行实施研究生第一外国语（英语）课程免修，满足中国农业科学院研究生对公共英语课程因材施教、个性化学习的需求，同时针对英语免修的研究生以及英语基础较好的研究生筹备高级英语听说与写作选修课。2019年北京集中教学阶段课程网上教学评估优秀率达95%以上。

加强教学质量监控。完善课程质量评价体系，针对专题课、非专题课、公共英语课、实验课设置不同评价指标，获得研究生对于课程教学更加精准的评价与反馈。建立以研究生院培养处管理干部、研究所教研室教学秘书、课代表为主的教学督导队伍，对研究生教学活动全过程和教学效果进行全方位监督，切实保证课程教学过程质量。每学期分学科召开课代表会议，建立课程管理人员与学生代表的直接沟通机制，深入了解学生对课程教学的意见和建议。建立教师奖励激励机制，开展优秀教师与教学名师评选，实行"优教优价"。

强化培养环节管理。加强对研究生培养过程的质量监控，进一步规范和优化研究生课程学习计划、论文研究计划、开题报告、学术活动、中期考核等培养环节的管理，依托"研究生教育管理系统"实现培养环节管理信息化、规范化。在开题报告与中期考核环节建立分流淘汰机制，三次开题未通过或两次中期考核不合格者，终止培养，作退学处理。建立研究所自查与研究生院抽查相结合的研究生科研记录检查机制，培养研究生认真严谨的科学态度和良好的科学素养。

强化学位授予管理。完善学位授予标准。制订"粮食、油脂及植物蛋白工程"二级学科学位授予标准及"图书情报硕士""兽医硕士"2个专业学位授予标准；修订"生物信息学""兽药学"2个二级学科学位授予标准。强化学位授予过程管理。不断加强学位论文评阅、答辩、学位申请材料审核、学术不端行为检测等关键环节管理。在论文评阅阶段，实施学位论文双盲评阅，博士学位论文100%双盲评阅，硕士学位论文超过30%的比例双盲评阅，尽量保证学位论文评阅的客观公正性。对论文评阅中存在问题的学位论文重点把关，到答辩现场进行跟踪督查并在学科评议组会议中引导专家重点审核。对全部学位论文进行学术不端行为检测，2019年进一步严格学位论文复制比要求，全文复制比由不超过15%改为不超过10%；章节复制比由不超过30%改为不超过20%。在学位审核阶段，充分发挥研究所学位评定委员会、学科评议组、院学位评定委员会三级学位管理体制作用，深入实施学位论文分级审查和逐级责任追究制度，对学位论文进行全面审查。学位办对审查中提出的修改意见进行追踪落实，确保学位论文质量。

3. 中国农业科学院教育产出质量

确保学位论文整体质量。高度重视学位论文质量，逐步完善学位论文质量监控体系，严格开题报告、中期考核、论文评阅、论文答辩等各环节管理。深入实施《中国农业科学院博士硕士学位论文审查办法（试行）》，充分发挥研究所学位评定委员会、学科评议组及院学位评定委员会的审核把关作用，对博士、硕士学位论文进行全面、逐级审查，对存在问题的进行责任追究，确保学位论文整体质量。在2018年全国博士学位论文抽检中（抽检2016—2017学年度）被抽检的15篇博士学位论文以及在2018年北京地区硕士学位论文抽检中（抽检2017—2018学年度）被抽检的24篇硕士学位论文全部合格。

发挥优秀论文示范带动效应。

（1）优秀学位论文。评选优秀学位论文，是中国农业科学院营造浓郁学术氛围、加强高层次农业科技人才创新能力培养、提高研究生教育质量的重要举措。优秀学位论文评选工作始于2007年，2007—2011年仅评选优秀博士学位论文，年均不超过5篇（含提名）；自2012年开始，每年评选优秀博士学位论文不超过10篇、优秀硕士学位论文不超过20篇。优秀博士学位论文奖励作者和指导教师人民币各2万元，优秀硕士学位论文奖励作者和指导教师人民币各1万元。至2019年，共评选出优秀博士学位论文106篇（含2007—2011年的提名奖）、优秀硕士学位论文166篇。

从优秀学位论文作者发表论文情况来看，2015—2019年，优秀博士学位论文作者以第一作者（含共同第一作者）发表SCI论文总数147篇，人均3.3篇；优秀硕士学位论文作者以第一作者（含共同第一作者）发表SCI论文总数165篇，人均发表1.8篇。

（2）高水平学术论文。为鼓励研究生开展原创性科研工作，发表高水平学术论文，自2015年开始在研究生中评选高水平学术论文。高水平学术论文的界定为"以第一作者、所在培养单位为第一单位在中国科学院期刊分区平台中各学科大类第一区期刊上发表的学术论文"。高水平学术论文按学年评选，至今已评选5年。2015年、2016年、2017年、2018年和2019年分别评选23篇、14篇、35篇、38篇和65篇，共计175篇。2019年高水平论文数较2018年增加了27篇，创历史新高。2019年，中国农业科学院在 *Science*、*Nature*、*Cell*、*PNAS* 等国际高水平期刊上发表学术论文6篇，其中14名研究生参与4篇。研究生在科技创新中发挥着重要作用。

做好研究生就业指导帮扶工作。组织开展就业指导咨询和毕业生双选会，加强与用人单位联系，充分发挥研究所、导师在就业方面的帮扶作用，建立毕业生动态跟踪机制,提高就业质量。中国农业科学院 2019 届毕业生共计 900 人(含定向委培生 68 人),其中博士生 247 人,硕士生 653 人,总就业人数 860 人,总体就业率为 95.56%,居北京地区科研单位前列。就业去向如下:考取博士 169 人,出国留学 33 人,签署三方协议(含继续做博士后研究)312 人,签劳动合同 8 人,灵活就业 338 人。从签约毕业生的就业地区来看,京内就业 80 人,京外就业 232 人,京内就业人数占 25.6%,与 2018 年持平。从签约毕业生的就业去向来看,到党政机关就业 11 人,科研单位 135 人,高等教育系统 62 人,医疗卫生单位 2 人,中等、初等教育单位 5 人,一般事业单位 28 人,企业 69 人(其中,国有企业 24 人)。此外,就业领域呈多元化趋势,目前在企业就业和京外就业的硕士毕业生已占大多数;博士毕业生在企业就业比例为 7% 左右。2019 年,中国农业科学院共有 28 名毕业生到基层(西部地区、艰苦边远地区、基层)工作,其中博士 8 人,硕士 20 人。

四、农科研究生教育发展过程中存在的问题

(一)农科研究生"不姓农"的问题

对于农学相关学科而言,以解决实际问题为主要目的的社会实践对于学生的理论学习具有极大的指导意义。目前,很多农业类的科研机构和高校都有较多的研究生培养实践基地和社会实习基地,供学生将理论和实践结合在一起。但在实际运行过程中发现,由于科研经费紧张、基地设施更新换代速度慢等因素,学生在实践基地开展的工作不能完全与社会实际相结合,学生利用假期开展社会实践的人数比例相对较低,到实践基地开展的工作时间短,不能很好地将理论知识应用到实际的农业生产中。此外,农业学科研究生科研压力较大,由于农业科研工作需要大量的数据和时间来分析研究,使得很多研究生更多的时间在实验室中度过,有的甚至加班加点依然无法很好地完成导师交给的科研工作,这种高强度的科研任务使得农科研究生参加社会实践的经历相较于其他学科而言存在不足。

随着社会经济的发展,目前我国农林院校面临可持续发展的压力,招生规模不足、生源质量不高,社会竞争力比综合院校有一定差距。为了解决学校长远发展的问题,很多农林高校开设法律、传媒、艺术等专业,吸引学生报考,将教育范围逐渐扩大化、朝综合院校发展,与建校之初的教育目标有所不同。甚至有的高校为了避免涉农影响发展,从而将学校校名中的农字直接去掉,这

对于农业类高校发展来讲不是一个良性趋势。

（二）专业学位类型人才培养起步晚，发展缓慢

20世纪80年代中期以后，随着改革开放的深入，单一的学术型学位人才培养模式和社会多元化需求之间的矛盾逐渐显现，研究生教育和高级人才的培养必须面向日益发展的国民经济建设多元化需求的要求越来越迫切。1988年，国务院学位委员会第八次会议提出了设置专业学位的要求。1990年10月，国务院学位委员会第九次会议通过了《关于设置和试办工商管理硕士学位的几点意见》，同意在我国设置和试办工商管理硕士学位。这是我国第一个专业学位——工商管理硕士，即MBA。之后相继设立了建筑学硕士（M. Arch）和法律硕士（J. M）。

专业学位教育在国内发展近十年后，1999年5月我国正式设立农业推广（暂用名）硕士，1999年设立兽医专业学位，分为兽医硕士和兽医博士2个层次。2000年6月国务院学位委员会批准中国农业大学等24所高等学校开展培养农业推广硕士研究生工作，并行使农业推广硕士专业学位授予权，当年设置了种植业、养殖业、林业和渔业四个领域。兽医专业学位不设领域。

农业推广硕士是与该领域任职资格相联系的专业学位类别，培养目标是为农业技术研究、应用、开发及推广，农村发展、农业教育等企事业单位和管理部门培养应用型、复合型高层次人才。主要招收对象以基层农技骨干、企事业单位的业务技术骨干人员、在农业领域一线的广大工作人员和应届本科毕业生为主。兽医专业学位是具有特定兽医职业背景，且与现代化畜牧业大生产、国家卫生防疫、国家进出口安全、野生动物资源保护等领域任职资格相联系的专业学位。其培养目标和服务领域主要面向大中型畜牧生产企业、国家动物卫生、兽医卫生监管、动物药品生产与管理、动物检疫、动物园及家庭生活需要等方面，培养从事兽医资源管理、技术监督、市场管理与开发和现代化兽医业务与管理的应用型、复合型高层次人才。培养口径分为临床兽医和预防兽医。

从1991年在我国设置第一个专业学位类别，经过19年的慎重发展，至2009年时全国共设置了19种专业学位类别，1 300多个专业学位人才培养点。但随着社会经济的高速发展，社会对人才的结构要求进一步细化和提高，为了使研究生教育结构更加适应我国当前的社会经济发展，2009年3月教育部下发了《关于做好全日制硕士专业学位研究生培养工作的若干意见》，决定增加专业学位类别。2010年国务院学位委员会审议通过了19种新增硕士专业学位，新增学位类别相当于过去19年的总和，基本覆盖了国民经济和社会发展的主

要领域；批准新增了 1 322 个硕士专业学位授权点，也相当于过去 19 年硕士专业学位授权点的总和。同时决定从 2009 年起，扩大招收以应届本科生为主的全日制硕士专业学位范围，以后新增招生计划也主要用于专业学位研究生招生，在 2009 年当年全日制专业学位研究生招生比例就由 2008 年的 7%增至 30%。

2009—2016 年，在职攻读专业学位教育延续之前的培养方式，根据在职人员工作与学习的特征和需求，不断优化课程体系及教学组织方式，逐渐形成增补知识、提升能力、注重实践的特色课程、能力提升课程和实践类专业知识课程。2009—2019 年，全日制专业学位研究生教育由无到有，全国硕士研究生结构发生很大变化，截至 2019 年，专业学位研究生已占硕士生总招生人数的 45%以上。各研究生培养单位也经历了从匆忙分类培养到理性分类培养的过程。

（三）培养方式针对性不强

由于各种复杂的原因，专业学位硕士（专硕）的培养方式仍然存在学术化的问题。农林类专业硕士学位研究生培养的目标侧重于对农业生产的应用，在要求其掌握足够的专业理论知识的前提下，期待其能为农业技术推广和农村发展作出贡献。而专业学位硕士培养起步慢，针对其特异性的教学方式方法还处于不断更新完善的阶段。目前，大部分院校的专业学位硕士的课程依然未突出其特色，通常情况下专硕理论课程安排过多，实践课程受资源或场地等的限制，并未真正发挥效用。此外，受调剂的影响，有较多的专业学位硕士研究生的学位论文选题不得不放弃应用化而趋于学术化，将大部分时间用于学术研究，但可能由于其基础较差而造成论文水平不高的情况，同时也使得针对专业学位硕士而实施的双导师制不能发挥其应有的作用，导致专业学位硕士研究生处于较尴尬的境地。

研究生毕业即面临就业问题，党和政府高度关注毕业生的就业问题，多次强调就业是最大的民生。在这样的导向下，各个农科院校应根据培养目标的差异以及学生的特点与意愿，在研究生学习期间，及时组织就业指导，为研究生提供有效信息，解答就业方面的疑惑。但由于时间方面的限制，能进行全面指导的人才较少，同时也存在未能有针对性地对各个专业研究生进行指导的问题。因此，在学习阶段的研究生未能充分重视或理解就业的问题，导致无法提前对职业生涯进行规划，造成毕业生无法进行正确择业，找不到满意的工作。

（四）教育公平性的问题

目前，优质教育资源的流动聚集在市场条件下，较以往更加依赖于经济发展。随着社会经济发展和小城镇化建设步伐不断加快，农民收入大幅增加，但由于从事农业劳动的收入水平依然低于城市居民收入水平，使得很多农村优质教育资源向农村周边的大城镇、县城甚至地级市流动聚集，经济条件好的家庭也愿意把自己的孩子送到县城或更发达的城市上学，农村现有的教育资源质量尚不足以满足普通农村家庭对优质教育的需求，教育公平性无法得到保障，正如很多文章里所说的，由于农村基础教育资源的薄弱，使得自古以来"寒门出贵子"的可能性正逐步变小。

五、关于农科研究生教育发展的建议

（一）促进学生思维转变，加强农业职业教育

我国自古以来就是一个农业大国，农业一直是国民经济的命脉。没有农业的快速发展就没有国民经济的持续稳定增长。从长远的观点来看，也就没有我们国家在世界上的地位。因此，农科院校可以组织专家分享交流会，从我国农业发展的大局观，国内外现代化农业的对比等角度出发，扩充研究生的眼界及思维方式，帮助他们充分认识到农业发展的重要性，调动研究生的使命感，提升其对农科研究的兴趣。农科研究生教育应按照高层次创新型人才的培养目标，调整课程结构，重组课程体系，突出系统性和全面性。采用灵活多样的模块化或"平台+模块"的课程结构，构建宽厚基础和专业口径，强化实践，注重个性发展的课程体系。积极改革教学方法手段，推行研究性教学和探索式学习，包括参与式、合作式学习等灵活多样的教学和学习方法，体现师生互动、生生互动、师师互动，促进学生批判性思维和创新意识的培养。

通过与开展农业管理人员培训的高等教育的私立教育机构和培育地方农业管理人员的核心教育机构，如地方农业大学合作来提升农业从业者的专业技能，培育新型农业人才。设立了乡镇级农业学院，作为农民教育培训的核心机构，课程设置针对不同学历和不同需求人群。除了专门的培训机构外，鼓励地方综合性学校根据地方特色设计一些实用农业技术方面的课程。此外，加强农业宣传教育，联合地方农科院、知名涉农企业、农业领域知名人士等，经常性

地举办一些校园宣传活动，向年轻人宣传现代农业、农业生产经营理念，鼓励年轻人将农业作为职业选择。

（二）发展科技、教育、经济一体化农科教育

现代农业对环境和生产质量提出了更高要求，要求我们少投入、多产出、高质量。随着劳动力成本的提高和单位面积生产效率放缓，传统农林学科将难以支撑未来农业发展。在高等学校专业设置中将设立新的农科专业或改造原有的农科专业，推进农科与理工文学科深度交叉融合，主动适应信息社会对人才需求的转变，新农科被视为对传统农林学科的"提档升级"。进行相应的研究生教育结构调整，包括类型结构和学科结构的调整，进而使得个体层面的追求和国家、地区的发展相一致。具体而言，可以在中部地区和西部地区扩大匹配当地产业结构的学科研究生规模、扩大中部地区和西部地区专业学位的发展，尤其招收工程硕士等在职专业学位学生，并让这些专业学位学生毕业后能够留在当地进行经济社会建设。

针对专业学位培养模式与劳动力市场需求之间的不平衡，解决方案是继续推进高等教育供给侧改革，对专业学位的培养模式进行改革，构建系统的、政产学研相结合的联合培养机制。具体而言，对积极参与专业学位培养的产业界给予不同形式的支持，例如减免这些单位员工进行专业学位学习的学费等，推动产业界积极主动参与专业学位的培养，从而缓解专业学位的供给与需求之间不匹配、不平衡问题。培养应用型农业人才，高校和农业科研院所需要的知识创新和技术创新，在人才培养相结合。鉴于农业科研院所毕业教育中存在的具体问题，是很难培养复合应用型人才，学校必须与农业科研机构广泛合作，根据研究的要求和科研单位的标准，及时调整专业设置的教学内容，制订培训计划和教学计划。

（三）引导教师转变角色，加强研究生教育与本科教育之间的衔接

在本科阶段，应推进"三助"岗位管理，加强导师对学生的人文关怀以及科研指导。近年来教育部提倡导师设置"助研岗位"，其主要的工作内容是协助导师从事科学研究、指导本科生创新实践、毕业设计、组织学术研讨等科研任务。导师借助研究生助研活动，应充分发挥研究生的主观能动性，以提高其科研水平为目标。通过这种方式不仅能让学生感受到来自导师的人文关怀，还能提升学生对科研的理解与兴趣，增强其责任心。

在研究生阶段，导师要注重研究生的科研能力和兴趣的培养。例如，指导研究生把握有关学科发展、研究的新进展、新动态和研究方法，并指导研究生的课题研究与生产实践紧密结合，提高研究生综合水平；引导学生认识到其研究成果对生产的服务作用，以及对相关行业的经济提升作用。

此外，导师在注重培养学生科研能力的同时，应加强学生的社会责任感，引导学生把学术追求和国家发展联系在一起，科研人员有义务利用自身知识优势，帮助国家解决热点问题。将科研与社会热点相结合，不仅能推动科研工作往更高层面发展，解决社会亟待解决的问题，同时也推进了社会急需的高层次人才的培养。

（四）改革传统教学培养方式，加强创新意识和创新能力的培养

转变妨碍研究生创新意识和创新能力发展的教育观念和教育方法，改变填鸭式、灌输式的教学方式，要转变以知识为本的观念，树立以人为本的观念，建立以研究生为主体的教学方式，重视和促进研究生个性的健康发展，充分发挥研究生的主动性和自觉性，更多地采用启发式、研讨式、参与式教学方式。农科研究生所从事的往往是与农作物生长有关的科学研究，农作物生长的客观规律要求农科研究生的教育管理要更加灵活，实行弹性学制，同时针对不同的培养类型，制定不同的课程学习方案，使人才各有所长，使农科研究生教育培养出的人才能够满足社会发展多种需求。

（五）建立和健全农科研究生培养的质量监督评价机制

评价监督可从3个层面来考虑，一是从农科研究生教育系统内部。如生源状况、导师队伍、培养过程、课程质量、学位论文和思想政治工作等方面情况，通过纵向比较，得出评价结论，督促研究生教育机构内部进行不断的改革创新，提升教育管理水平。二是对二级研究生教育机构进行横向比较评价。科研机构是指对研究所之间的研究生教育情况进行横向评价，高校是指对学院之间的研究生教育进行横向比较，通过比较建立竞争机制，促使其加大对研究生教育的投入力度。三是建立社会评价体系，对研究生教育的成效和结果进行评价。即由社会、用人单位对毕业生的使用情况进行反馈，从而促进研究生教育整体水平的提升。

改革开放40年，国家需求和时代发展方向发生了巨大变化，农科研究生教育也应该顺应发展趋势，横向多维化延伸，纵向深度化精攻，做到与"三

农"产业深度结合,贴合国家需求构建创新性科技人才团队,成为国家"三农"问题和农业科技发展战略研究的学术重镇;突出体制机制创新,进一步提高创新活力和创新效率,着力解决我国现代农业发展重大科技问题。按照面向世界农业科技前沿、面向国家重大需求、面向现代农业建设主战场的总要求,加快建设世界一流学科和一流科研院所,坚持"顶天立地"的科技创新方向,带领全国农业科技力量,不断提升科研创新能力和科技进步水平,加快我国农业科技率先跨入世界先进行列,为保障国家粮食安全、促进农业农村经济发展作出重要贡献。

研究报告 4

改革开放 40 年中国粮食安全：成就、问题及建议

（中国农业科学院农业经济与发展研究所　王济民　张灵静　欧阳儒彬）

农业是国民经济的基础，粮食是农业的基础。改革开放以来，我国率先在农村实行家庭联产承包责任制改革，大力推进粮食市场化进程，特别是 2004 年以来，中央连续多年以"一号文件"形式高度关注粮食安全问题，我国粮食综合生产能力不断提高，粮食产量稳居 6 亿吨以上，不仅解决了全体居民吃饱饭的问题，而且正从"吃饱"向"吃好"转变。深入总结改革开放以来粮食安全所取得的成就与经验，对新时代"把饭碗牢牢端在自己手里"具有重要战略意义。

一、我国粮食改革开放的阶段及政策变迁

（一）家庭联产承包责任制确立时期（1978—1984 年）

改革开放以前，我国粮食生产采取人民公社的集体生产方式，粮食流通实行统购统销的计划经济管理方式，严重抑制了广大粮食生产经营者的积极性。1978 年小岗村的十八位农民在土地承包责任书上按下了红手印，率先发起了粮食生产"大包干"，拉开了农村甚至全国经济体制改革的序幕，到 1984 年，全国农村基本实行了家庭联产承包责任制。家庭联产承包责任制的实行，极大调动了广大农民的生产积极性，粮食产量由 1978 年的 3 亿多吨，一举达到 1984 年的 4.07 亿吨，粮食产量达到历史最高水平，较 1978 年增长 33.64%，年均增长率 5.45%。人均粮食占有量也由 316.61 千克增至 1984 年的 391.1 千克，基本解决了全国人民的生存和温饱问题。

（二）市场化改革时期（1985—1996年）

在粮食取得丰收后，为建立和培育市场体系、搞活商品流通，1985年我国对农产品流通体制进行了改革，彻底放开蔬菜和畜产品价格，取消粮食统购，实行合同和市场收购的双轨制，定购以外的粮食可以自由上市，使粮食生产向市场靠拢。粮食流通体制改革后，针对粮食产量波动、价格倒挂和"卖难买难"问题，1991年国家又颁发《关于进一步搞活农产品流通的通知》，在全国建立粮食等重要农产品储备调节制度和风险基金制度，进一步缓解粮食供需地区平衡、结构平衡和价格双轨制的矛盾。1993年《国务院关于加快粮食流通体制改革的通知》颁发，取消统销制度，放开粮食价格和经营，实行了40年的城镇居民粮食供应制度（即统销制度）被取消，1994年全国各地基本取消粮票，第二货币时代终结。在市场力量的刺激下，到1996年粮食产量又一次取得大丰收，突破5亿吨，人均粮食占有量提高到412.24千克，我国粮食进入供需总量基本平衡、丰年有余的新阶段。

（三）农业战略性调整时期（1997—2003年）

在我国农业进入新阶段后，粮食连年丰收、库存积压严重，国家负担加重，农业结构矛盾日益突出，我国农业发展进入了以增加农民收入为中心、以农业结构战略性调整为主线的发展时期。1998年国务院颁发《关于进一步深化粮食流通体制改革的决定》，玉米、稻谷退出保护价范围。该时期也正是我国入世谈判关键时期，为满足WTO的原则性要求，国家对粮食关税税率进行了更大范围的调整。农业战略性结构调整虽然对畜牧业、蔬菜等产业发展起到了积极促进作用，人民膳食水平不断改善提高，但由于在粮食生产方面过度放松，粮食播种面积连续下降，2003年播种面积降至历史最低，仅有9 941万公顷，粮食产量严重滑坡，总产量降至4.3亿吨，国家粮食安全状况一度处于严峻状态。

（四）"反哺与支持"时期（2004年以来）

针对粮食生产中出现的严重滑坡，从2004年开始，国家确立了工业反哺农业、城市支持农村、"多予、少取、放活"的方针，中央连续以"一号文件"的形式，出台了一系列强农惠农政策，不仅取消了农业税，而且直接向农民发放粮食补贴、农资综合补贴、良种补贴、农机补贴，极大地提高了农民种粮积极性，粮食连年高位增产。为确保粮食生产不滑坡，2011年国家再次发布《中共中央国务院关于加快水利改革发展的决定》，大力加强水利建设，粮食生产跨上新台阶，产量出现"十二连增"的局面。2016年国家实施藏粮于地、藏粮于技战略，进一步确保了粮食产能。从2004—2017年，粮食产量增长1.48亿吨，增幅达31.55%，13年年均增长率为2.68%。

二、我国粮食安全所取得的成就

（一）粮食产量连续5年稳定在6亿吨以上

为了增加粮食生产，国家持续施行支农惠农政策，农田水利等基础设施建设进一步完善，粮食生产在1984年、1996年和2013年分别跨上4亿吨、5亿吨和6亿吨三大台阶。特别是2004年以来，随着粮食"四补贴、一奖励"政策的实施，农民种粮积极性大幅提高，粮食产量出现稳定上升的可喜局面，从2013年开始连续5年保持在6亿吨以上的丰收势头。由于良种技术的不断突破，粮食产量在"十二连增"期间单产提高了832千克/公顷。我国用世界9%的耕地、6%的淡水养活了20%的人口，成就举世瞩目。

（二）粮食生产现代化水平进一步提高

机械化水平不断提升。1978年我国大型拖拉机为55.73万台，小型拖拉机为177.3万台，农业机械总动力为17 750万千瓦，到了2016年大中型拖拉机为645.4万台，小型拖拉机为1 671.6万台，农业机械总动力达97 245.6万千瓦，增长4.47倍。农田水利设施建设迈上了新台阶，1978年我国耕地灌溉面积为6.74亿亩，到2017年达10.29亿亩，耕地灌溉面积增加52.7%，极大地稳定了粮食生产。我国粮食单产从1978年的2 527千克/公顷，提高到2017年的5 506千克/公顷，提高1.18倍。粮食生产综合应灾能力显著提升，1978年粮食受灾面积为7.62亿亩，到2017年下降为约3亿亩。在科技创新引领驱动下，2016年农作物耕种收综合机械化率达到66%，农田有效灌溉面积比重达到55.83%。粮食生产同信息技术、金融、国际市场进一步融合，空间布局不断优化，现代化水平大幅度提高。

(三)粮食供给侧结构性改革取得明显进展

为解决我国粮食"三量齐增"的问题,国家大力实施供给侧改革,进展显著。2016年中央财政共拨付农业支持保护补贴资金1 442亿元,粮食收储制度改革取得成效,尤其是玉米收储制度改革取得重大突破,取消玉米临时收储政策,实行市场化收购加补贴的新机制。化肥农药减量增效深入推进,优质加工专用品种品质导向更加突出,绿色发展和提质增效导向更加清晰。2015年农用化肥施用折纯量为6 022.6万吨,达到历史最高,随着化肥零增长行动的开展,2017年化肥施用折纯量为5 864.42万吨,降幅2.63%,农药施用折纯量也从2012年历史最高点的180.61万吨减少至2017年的170.57万吨。粮食功能区和保护区划定工作初步展开,粮食种植结构调整初见成效,2017年籽粒玉米播种面积比2015年调减5 200万亩,大豆播种面积比2015年增加1 746万亩。

(四)国家粮食安全战略体系框架基本确立

我国确立了"以我为主、立足国内、确保产能、适度进口、科技支撑"的国家粮食安全战略,为我国粮食安全工作拟定了施政框架。为确保谷物基本自给,基本农田划定工作已全面结束,粮食播种面积稳定在16亿亩目标已经明确,粮食生产功能区和重要农产品生产保护区的空间战略部署逐步推进,粮食综合生产能力不断提升。为统筹利用国内国际两个市场,国家充分利用关税配额调解农产品进出口平衡,并进一步完善了粮食贸易反补贴、反倾销和保障措施法律法规,保护国内粮食市场。粮食安全内涵也随之发生变化,从满足'量'的需求到满足'质'的需求,确保粮食品种结构、品质安全是今后粮食安全的战略重点。

(五)粮食安全形势处于历史最好水平

习近平总书记在2013年中央农村工作会议上指出,中国人的饭碗任何时候都要牢牢端在自己手上,必须确保谷物基本自给、口粮绝对安全。在国家政策强力支持下,粮食安全形势迎来了历史最好水平。从供给看,连年丰收,库存充裕,年供给量在8亿吨左右,充分保障了国内粮食数量稳定供给。从需求看,粮食总消费量稳定增长,2017年稻谷、小麦食用消费分别为1.57亿吨和8 750万吨。同时肉制品进口对饲料粮需求产生替代作用,短期内我国粮食供需基本平衡,粮价稳定。此外,国际市场粮食供应充足,国际粮食价格连续5

年下行,价格优势明显,进一步强化了我国的粮食安全状况。

三、确保我国粮食安全的主要经验

(一) 农田设施是基础

农田基础设施建设是粮食安全的基本保证。20 世纪 80 年代,我国农田有效灌溉面积仅为 4.5 亿亩,2017 年超过 10 亿亩,达到历史最高,有效灌溉面积位列世界首位。大规模农田基础设施建设,一方面直接促进粮食单产的提高,为我国粮食安全提供坚实的保证,另一方面也大幅度提升了我国北方地区粮食供给能力,直接将"南粮北调"的格局扭转为"北粮南运",为东南沿海地区改革提供了有力支撑。

(二) 科技创新是动力

农业科技创新体系、现代农业产业技术体系以及农业科技推广体系的不断完善为农业现代化提供了坚实支撑,特别是种业创新,为我国粮食增产提供了坚实有力支持。改革开放至今,我国集成推广了一批粮食绿色高产高效模式,杂交水稻、耐密型玉米等品种大面积推广,小麦精量半精量播种、测土配方施肥、一喷三防等实用技术广泛应用,为粮食现代化生产起到了良好的带动引领作用。据研究,在家庭联产承包责任制确立时期(1978—1984 年),科技创新对水稻单产增长的贡献接近 40%,而在战略调整期(1997—2003 年),农产品全要素生产率年均增长率达 3%左右,其中水稻接近 3%,小麦 2%左右,玉米在 1.8%。我国主要粮食作物的全要素生产率年均增长率位于世界前列,技术进步是农产品生产力增长的主要驱动力,对粮食增产的贡献率达到 68%。

(三) 市场化改革是路径

要从根本上确保粮食安全,必须进行粮食市场化改革。从 1978 年家庭联产承包责任制确立时期开始,粮食市场化改革就在探索中前行,从初期以计划为主、市场为辅到全面放开粮食市场,我国粮食市场由分割逐步走向一体化,为全面深化农村改革奠定了基础。同时,也与国际市场对接,充分利用国际市场,补充国内大豆需求缺口,保证了国内粮食供给安全。我国粮食安全问题的解决,必须灵活巧妙地利用国内、国外两个市场,确保口粮绝对安全、谷物基本自给。

(四) 确保农民种粮利益是核心

农民是粮食生产的主体，农民收入上不去，不仅影响粮食生产和农产品供给，而且也关系到社会主义现代化强国建设。我国粮食之所以能从吃不饱转变到吃好状态，是与我国从实行家庭联产承包责任制，到取消农业税，再到增加种粮补贴，切实维护农民利益分不开的。发达国家农业发展经验也表明，农业稳定发展离不开政府对农民利益的切实维护。粮食安全政策制定只有从保护农民的切身利益出发，才能真正地保障国家粮食安全。粮食安全问题必须站在实现好、维护好、发展好广大农民群众根本利益的高度寻找解决方案。

四、我国粮食生产存在的问题

(一) 结构性矛盾突出

目前，我国粮食连年丰产，国内粮食能够实现口粮自给，加上进口，短期内粮食供给充盈，但也面临严重的结构性矛盾。一方面，由于食用油消费和饲料需求不断扩大，大豆进口连年剧增，但国内大豆产量低，与国外品质差距较大，2000—2017年大豆单产每公顷仅提高了162千克，大豆播种面积不增反降，供需缺口极大。与此同时，我国玉米播种面积却连年增加，2004—2017年玉米播种面积增加1.13亿亩，增幅达39.12%，产量增加8 562.6万吨，粮饲结构亟待优化。另一方面，由于单纯追求高产，产品质量不高，产生了一边国内滞销、库存增加，一边进口连增的怪象。

(二) 生态安全压力增大

统计显示，1978年我国化肥使用量为884万吨，到2017年增长到5 864.42万吨，40年间增长5.63倍。农药使用量从1991年的76.53万吨增长到2017年的170.57万吨，26年间增长1.23倍。农药、化肥的过度使用，不仅导致了土壤板结、农业面源污染严重，还导致了农产品存在农药残留、重金属超标等现象，严重影响粮食质量安全，粮食产业绿色发展之路任重而道远。

(三)国际竞争力严重不足

任何贸易的竞争,归根结底是商品质量和成本的综合之争。从入世至今,我国虽然对小麦、玉米和大米采取关税配额管理,但包括大豆在内的粮食进口连续3年超过1亿吨。更值得关注的是,进入21世纪以来,我国粮食生产资料、劳动力和土地价格刚性上涨,粮食价格普遍高出进口粮食价格30%,给未来的农业发展带来了很大的风险。目前,我国劳动生产率与国际相比差距很大,经营主体组织化水平不高,加之水土资源短缺、人口增长压力大、经营细碎化问题严重,严重制约了我国粮食的竞争力提高。

(四)长期供需偏紧的矛盾依然存在

随着经济社会发展和人民生活水平的提高、城乡结构变化和食物消费升级,我国粮食需求量不断增加,2020年,我国粮食供求关系基本平衡,能够为全面建成小康社会提供有力保障;到2035年,人均粮食消费量将达到450千克左右,粮食自给率降低的风险将加大。从长期来看,我国粮食播种面积将继续保持下降的趋势,饲料粮和加工用粮仍将持续增加,粮食供需仍然偏紧。此外,粮食国际市场形势多变,将进一步加大粮食供给风险。

五、确保我国粮食安全的政策建议

党的十九大报告提出"确保国家粮食安全,把中国人的饭碗牢牢端在自己手中"。农业发展进入高质量发展的新阶段,粮食安全也从总量不足、吃不饱,转变为吃好、吃出营养健康的新时代。新时代新环境下,确保粮食安全必须以立足国内、确保口粮绝对安全为前提,必须在积极探索农业发展道路和模式上取得新进展,必须在改革开放、支农惠农政策上不断创新,必须在节约成本、提升质量、保护生态、增加效益的方向上下功夫。

(一)充分发挥比较优势,走差别化竞争发展之路

目前,我国农业劳动生产率的提升有很大潜力,要尽快立足于资源禀赋和产业优势,走差异竞争化发展的道路,大幅度提升农产品竞争力。在平原广袤地带,采用现代技术手段进行规模化粮食生产,走种粮规模化发展道路,确保国家粮食安全。在自然景观优美的区域开发休闲观光农业,在山区丘陵地带可

以开发优质特产、有机绿色食品等，以优质化、高档化、生态化抵抗国外产品的廉价竞争。充分发挥南方农业潜力，进一步缓解"北粮南运"对我国北方生态所带来的压力。

（二）深化农村土地制度改革，大力发展粮食土地股份合作

针对当前我国农业土地经营规模小、耕作细碎化特征，大力推进多种形式的适度规模经营。深化三权分置的土地制度改革，规范流转程序，建立土地交易平台。大力发展耕种、施肥、打药、收割等社会化服务组织，充分发挥"农户家庭经营+社会化大服务"的协助优势，大力提高粮食市场竞争力。推进土地股份合作社发展，加大财政税收、基础设施建设、金融信贷、保险、人才培养等多方面政策支持力度，提升粮食生产土地规模化经营水平。

（三）深入实施"两藏"战略，进一步完善强化粮食支持保护政策

坚持贯彻"藏粮于地"战略，加快高标准农田建设，大力实施农田水利和土壤有机质提升工程。坚持贯彻"藏粮于技"战略，加快粮食科技创新，加快突破大型农机、绿色种植、农产品仓储物流等关键核心技术，重点实施种业工程，充分发挥科技对粮食安全的引领支撑作用。持续推进"三项补贴"，加大补贴力度，提高农民种粮积极性，稳定农民种粮意愿。结合目标价格改革，在充分吸收国外经验的基础上，对粮食开展收入保险试点。进一步深化粮食市场化改革。

（四）大力推广节本提质增效模式，促进粮食生产向绿色生态可持续发展转变

为适应市场需求、确保粮食品质，粮食生产必须向绿色生态可持续发展转变。大力开展有机肥（药）替代化肥（药）行动，尽量减少化肥、农药过度使用，把粮食生产成本降下来，把粮食质量提上去，把农业环境改善好，大幅度提升粮食的国际竞争力。大力发展种养结合模式，以养定种、以养促种。大力推进三元结构改革力度，适度增加青贮玉米和牧草种植面积。加大畜禽养殖废弃物肥料化还田力度，尽量减少环境污染代价，促进农业可持续发展。要尽快建立以绿色发展为目标的新型农业科技创新体系，加快研发出一批节水、控肥、减药、农机农艺相融合的农业新技术，为节本增效、绿色发展提供支撑。

（五）加快构建粮食安全预警体系，进一步提升粮食宏观调控能力和水平

在汲取国外先进经验的基础上，按照"职责明晰、责权统一、运行顺畅、管理高效"的改革目标，加快建立粮食一体化多部门协调管理体制。加大粮食安全大数据建设力度，尽快将国内外粮食生产、加工、储存、销售、市场、人口、政策、天气、自然灾害等方面数据进行整合，充分利用遥感、航天、地理信息、云计算、人工智能等现代技术，对全球及我国粮食安全状况进行科学监测、预警和形势判断，并对各种外生冲击做出科学预案，进一步强化粮食安全宏观调控能力。

研究报告 5

改革开放 40 年中国畜牧业发展：成就、经验及未来趋势

（中国农业科学院农业经济与发展研究所　王明利）

改革开放 40 年来，我国畜牧业体量快速扩大、产业整体素质发生了质的飞越，完全扭转了畜产品供给短缺的局面，畜牧业已经成为农业和农村经济中主体地位不可撼动的主导产业。畜牧业发展到今天，也面临着许多突出的问题及挑战，诸如资源环境压力加大、产品质量安全性问题仍然存在、生产效率仍然不高、生产成本居高不下、国际竞争力不强等。主动适应新时代，未来我国畜牧业如何实现可持续发展？一些方向性、理念性、战略性的指引必须遵循。

一、改革开放 40 年畜牧业发展的历史回顾

回顾改革开放 40 年的畜牧业发展，大致经历了如下四个发展阶段。

（一）改革发展时期（1978—1984 年）

1978 年开始，在全国范围内快速实施的家庭联产承包责任制，使畜牧业生产释放出巨大活力。畜牧业生产除了国营牧场、集体所有的牧场外，专业户、重点户不断涌现，独立自主的多元市场主体开始形成；20 世纪 80 年代初期，全国第一个牧工商联合企业诞生，到 80 年代中期，全国牧工商企业已经达到 600 多个；1984 年 7 月，我国开始改革畜产品的流通体制和价格体制，取消统派购制度，放开畜产品市场，绝大多数畜产品可以随行就市，打破国营企业独家经营的格局。一系列的改革措施和政策出台，有效释放了畜牧业发展的活力，推动了畜牧业的大发展。如十一届四中全会通过的《中共中央关于加快农业发展若干问题的决定》中提出"大力发展畜牧业，提高畜牧业在农业的比重""继续鼓励社员家庭养猪养牛养羊，积极发展集体养猪养牛养羊"；1980

年国务院批转农业部《关于加快发展畜牧业的报告》中，强调"要把一切行之有效的鼓励畜牧业发展的政策落实到各户"，且"取消禁宰耕牛的政策"。这些政策快速释放了农牧民生产经营的自主权，极大调动了他们养畜的积极性，短期内畜牧业即得到快速发展。到1984年，肉类总产量达到1 540.6万吨，比1978年增长79.9%；生猪出栏达到2.2亿头，比1978年增长了36.9%，其他大牲畜的存栏、出栏、人均肉类占有量均有大幅上升。

（二）全面快速增长时期（1985—1996年）

该阶段畜牧业经营体制实现了根本转变，畜产品市场和价格逐步放开；主要畜禽产品生产快速增长，长期严重短缺的局面得到根本扭转，主要畜产品实现了供求基本平衡。1985年1月，中共中央、国务院发布了《关于进一步活跃农村经济的十项政策》，其中重要内容就是决定取消生猪派养派购，实行自由上市，随行就市，按质论价；同时取消了多数畜产品的统一定价，从而使畜牧业成为农业中最早引入了市场机制的行业部门。1988年，农业部开始实施"菜篮子工程"，建立了一大批中央和地方的肉蛋奶生产基地及良种繁育、饲料加工等服务体系，有效促进了畜牧业向商品化、专业化和社会化的发展。1992年国务院颁布了《我国中长期食物发展战略与对策》，明确提出"要将传统的粮食和经济作物的二元结构，逐步转变为粮食作物、经济作物和饲料作物的三元结构"。随着1992年我国农村改革全面向市场经济转轨以及后续各项改革的不断深入，逐步形成了有利于畜牧业发展的社会环境和开放的市场条件，畜牧业生产得到了快速的发展，实现了主要畜产品供求基本平衡的历史性跨越，夯实了在农业中的支柱产业地位。到1996年，我国肉类总产量达到4 584.0万吨，比1985年增长1.4倍，年均增长率达8.2%；禽蛋产量1 965.2万吨，比1985年提高267.5%；奶类产量735.8万吨，比1985年提高154.3%；畜牧业总产值占同期农业总产值的26.9%，比1985年提高4.8个百分点。

（三）提质增效发展时期（1997—2014年）

随着畜牧业的快速增长，到20世纪90年代后期即出现了阶段性、结构性过剩；随着经济的发展，人们对优质畜产品、花色多样的畜产品日渐青睐；随着市场的逐步开放，国际市场竞争的压力越来越大。迫切需要调整畜产品结构、提升畜产品质量和安全性以及提高生产效率和产业效益。在此背景下，国家适时制定和出台了一系列促进畜牧业发展的政策措施，1998年十五届三中全会通过的《中共中央关于农业和农村工作若干重大问题的决定》中提出,"菜篮子"产品生产要推广优新品种,降低成本,提高效益。1999年国务院转发农业部《关于加快畜牧业发展的意见》中提出,稳定发展生猪和禽蛋,加快发展牛羊肉和禽肉生产,突出发展奶类和羊毛生产;加快转变养殖方式,大力调整、优化畜牧业结构和布局,……提高生产效率、经济效益和畜产品质量安全水平;1999年后国家实时启动了农业行业标准专项制修订计划,加快了畜牧业标准化生产;2004年国家设立了首席兽医官制度,之后几年又陆续发布和实施了《国务院关于促进畜牧业持续健康发展的意见》、《国务院关于促进奶业持续健康发展的意见》、"振兴奶业苜蓿发展行动"、《全国牛羊肉生产发展规划(2013—2020年)》等。经过这一阶段的发展,主要畜禽生产规模化、标准化程度显著提升。到2014年,我国生猪年出栏500头以上规模比重达到41.9%、肉牛年出栏100头以上规模比重为17.3%、羊年出栏500只以上规模比重为12.9%、肉鸡年出栏50 000只以上规模比重为43.7%、蛋鸡年存栏10 000只以上规模比重为35.8%[①];生猪、肉牛、羊和家禽出栏率分别达到157.0%、46.3%、94.8%和204.3%;牛羊肉占肉类比重达到13.2%;奶类产量比1997年增长524.6%,是增幅最快的畜产品;畜牧业科技进步贡献率从"六五"时期的34%增加到2014年的54%左右;畜产品生产进入追求质量安全的阶段,并逐步向区域集中、产业整合方向发展,"龙头企业+家庭农场(或养殖大户)"模式已成为我国畜牧业发展的主导力量,如"温氏模式""德康模式""正大模式""襄大模式"等。

(四)以环保为重点的全面转型升级阶段(2015年以来)

2015年以来,国家密集出台若干政策方案,以促进畜牧业提质增效,实现绿色发展。第一,"粮改饲"和草牧业发展,有效支撑了畜产品的质量安全和生产效率的提升。2015年中央"一号文件"提出"加快发展草牧业,支持青贮玉米和苜蓿等饲草料种植,开展粮改饲和种养结合模式试点,促进粮食、经济作物、饲草料三元种植结构协调发展",第一次在农业结构调整中突出了优质饲草的重要地位,突出了种养结合和农牧循环的有效模式,当年农业部即在"镰刀湾"地区的10个省进行了粮改饲试点,随后拓展为17个省;同年也在河北等12个省区组织开展了草牧业发展试验试点,2016年农业部又发布了

---

① 2015年以前我国各畜种的规模化标准普遍较低,2015年农业部对各畜种规模化标准作了调整,标准大幅度提升,这是调整后的标准,下同。

《关于促进草牧业发展的指导意见》,具体确定了重点实施区域、各地区草牧业发展重点和经营模式。围绕畜牧业环保和粪污资源化利用,规范和扶持政策不断发力,有效提升了畜牧业环境保护和粪污的资源化利用水平。第二,各项环保政策的落实,有效规范和扶持了畜禽粪污的资源化利用和养殖场的达标排放。2015年国家发布了《水污染防治行动计划》(以下简称"水十条"),要求将现有规模化畜禽养殖场(小区)根据污染防治需要,配套建设粪便污水贮存、处理、利用设施,而散养密集区要实行畜禽粪便污水分户收集、集中处理利用;2016年发布了《土壤污染防治行动计划》(以下简称"土十条")。严格规范兽药、饲料添加剂的生产和使用,促进源头减量,加强畜禽粪便综合利用,鼓励支持畜禽粪便处理利用设施建设;2015年,国务院又发布了《关于促进南方水网地区生猪养殖布局调整优化的指导意见》,要求这些区域的生猪主产县以资源禀赋和环境承载力为基础,制定养殖规划,合理划定适宜养殖区域和禁养区,改进生猪养殖和粪便处理工艺,促进粪便综合利用;2016年发布了《中华人民共和国环境保护税法实施条例》,明确从2018年1月1日开始实施。要求达到省级人民政府确定的规模标准并且有污染物排放口的畜禽养殖场,应当依法缴纳环境保护税。

二、改革开放40年畜牧业发展取得的成就及经验总结

(一) 主要成就

1. 主要畜产品生产有效保障了国内需求

经过40年的快速发展,我国主要畜产品人均占有量快速提高。1980年人均肉类、禽蛋、牛奶占有量只有12.3千克、2.6千克和1.2千克,只有当年美国人均肉、蛋和奶占有量的12.9%、15.7%和1.1%;与当年的世界平均水平相比,也分别只有44.8%、45.8%和2.8%。到2016年,人均肉、蛋、奶占有量已分别达到61.9千克、22.4千克和26.1千克,年均增长4.59%、6.16%和8.93%(图1),已经达到美国同期人均占有量的44.2%、121.7%和9.9%;是世界平均水平的140.2%、213.2%和28.0%。可见,我国的人均肉、蛋占有量已超出同期世界平均水平,只有人均奶类占有量与世界平均水平还有差距,但这个差距正在逐步缩小(图2)。

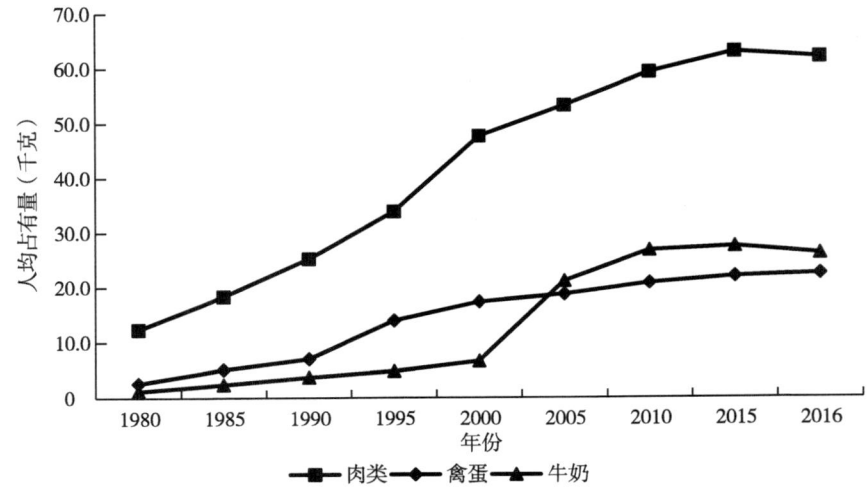

图 1　我国肉蛋奶人均占有量走势

数据来源:《中国畜牧业统计》。

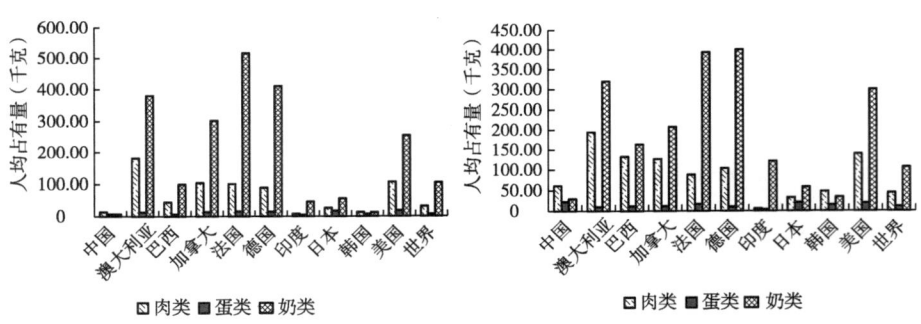

图 2　1980 年和 2016 年主要国家肉蛋奶人均占有量对比

数据来源：FAO 数据库（http://www.fao.org/faostat/en/#home）。

2. 畜产品供给结构逐步趋于合理

1985 年①，我国肉类生产中猪肉占 85.9%，牛羊肉只占 5.5%，禽肉占 8.3%；到 2016 年，我国肉类生产中猪肉占比下降到 62.1%，下降了 23.8 个百

---

① 由于 1985 年之前国家统计局没有专门统计禽肉，这里为了具有可比性，从 1985 年开始分析肉类结构。

分点；而同期牛羊肉占比已提高到 13.8%，提升了 8.3 个百分点；禽肉占比更是提高到 22.1%，大幅提升了 13.8 个百分点（图 3）。尤其需要说明的是，牛奶生产经过 20 世纪 90 年代以来的超常速发展，已经成为我国畜牧业生产中的突出重要的力量，在改善居民膳食结构中起到了重要的作用，人均奶类占有量翻了约 10 番。

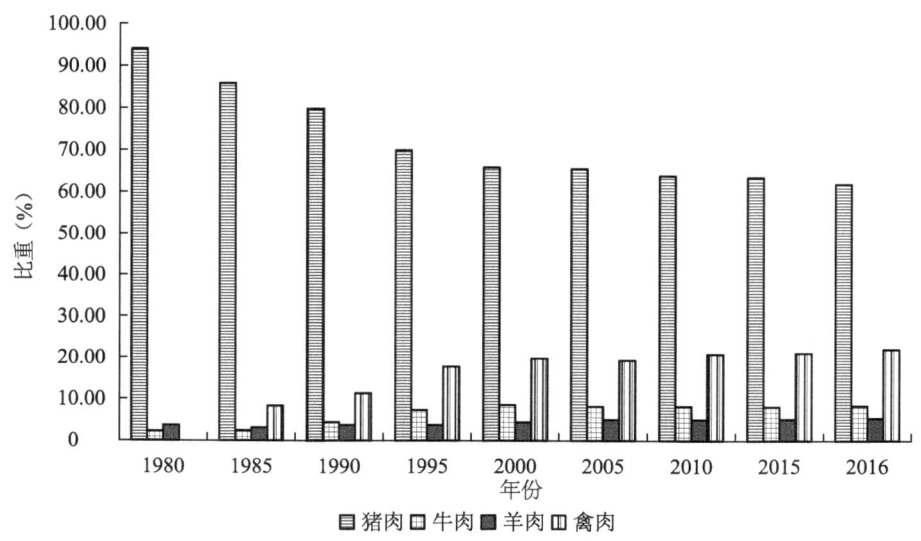

图 3 我国肉类结构走势

数据来源：《中国畜牧业统计》。

3. 规模化程度稳步提升，生产效率不断提高

改革开放之初，我国的畜禽养殖以集体饲养和农户饲养为主，只有极少量的国营大牧场。自 20 世纪 80 年代中期开始，在养殖领域出现了专业户和重点户；到 90 年代中期，专业户和重点户发展已相当普遍，规模化程度快速提高。90 年代中后期以后，随着国家对养殖业的规范力度进一步加强和对规模化、标准化养殖的政策推动，规模化程度显著提高。由于国家统计局从 2007 年才开始统计不同规模的生产情况，所以，这里只能从 2007 年开始比较，即使这样，变化也非常显著。2007 年，我国生猪规模化比重为 20.8%、肉牛规模化比重为 8.2%、肉羊规模化比重为 4.7%、奶牛规模化比重为 16.4%、肉鸡规模化比重为 22.0%、蛋鸡规模化比重为 14.9%，到 2016 年，各畜种相应的规模化程度分别达到 44.4%、17.6%、18.9%、49.9%、65.4% 和 40.2%。随着养殖规模化、标准化程度的提升，主要畜禽养殖的生产效率也得到有效提升。1980 年，

我国生猪出栏率只有65.0%，胴体重只有57.1千克；而2016年，我国的生猪出栏率已达157.5%，胴体重达到77.4千克（图4）。每头能繁母猪每年提供的商品猪头数在1980年只有10头左右，到2016年已达16头。全群奶牛单产在1980年只有1 780.03千克/头，2016年已达2 527.33千克/头（泌乳牛单产平均已达6 000千克左右）（图5）。蛋鸡产蛋量1980年只有4.2千克/只，到2016年已达8.9千克/只。

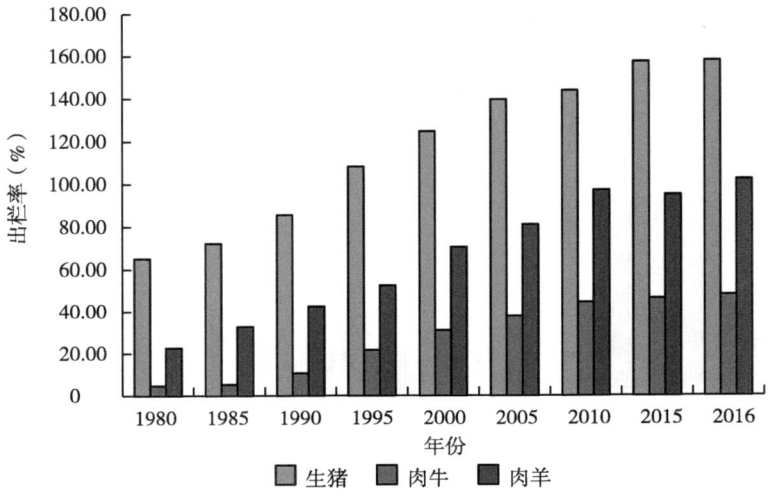

图4　我国主要畜禽出栏率变化趋势

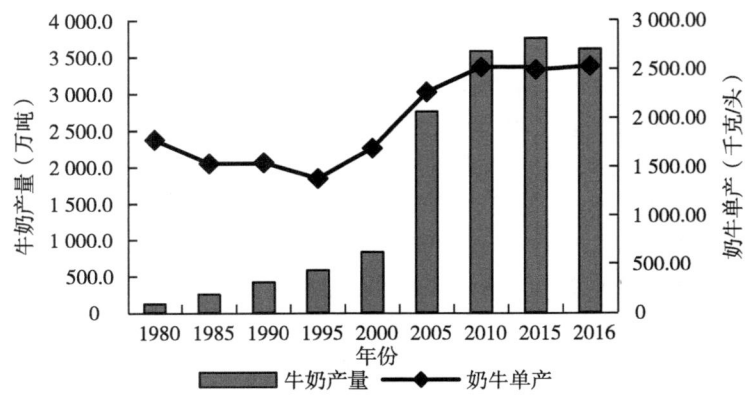

图5　我国牛奶产量及单产变化趋势

数据来源：《中国畜牧业统计》。

4. 优质饲草的重要性得到认可，种养结合、农牧循环养殖模式开始推广

我国的农耕文化思想，导致决策者和生产者长期忽略了畜牧业中优质牧草的作用。自 2008 年奶业发生"三聚氰胺"事件以后，优质牧草的重要性才逐步得到重视。2008 年国家启动现代农业产业技术体系，第一次将牧草作为一个产业进行研发支持。在市场的拉动与行业科技支撑下，牧草产业在国内开始逐步发展；2012 年国家正式启动实施"振兴奶业苜蓿发展行动"；2015 年中央"一号文件"中提出实施"粮改饲"试点，推动发展草牧业。牧草产业的快速发展，有效支撑了国内奶业的转型升级，泌乳奶牛平均单产水平由 2008 年的不足 3 吨快速提高到目前的 6 吨左右，不到 10 年时间单产水平翻了一番。随着行业内对牧草的重要性认识不断深入和环保压力的加大，种养结合、农牧循环正在成为畜牧业发展的新趋势。

5. 有效壮大了农业农村经济，提升了农牧民收入

经过 40 年的快速发展，畜牧业已经成为我国农业和农村经济发展的重要支柱产业，成为农民收入的主要来源，更是成为广大中西部地区脱贫致富的首选产业。2016 年我国畜牧业产值达到 3.17 万亿元，占农业总产值的比重达到 28.3%；带动上下游产业（屠宰加工、乳品加工、蛋品加工、饲料、兽药等）产值约 3 万亿元。畜产品加工业在我国农产品加工业中更是独树一帜，国内农产品加工有影响力的品牌和企业大多在畜牧行业，如伊利、蒙牛、三元、双汇、温氏、新希望、科尔沁等在国内甚至国际都是很有影响力的品牌企业。2016 年农牧民从畜牧业获得的收入为 573.7 元；对牧民来说，畜牧业收入更是其几乎唯一的收入来源。2016 年，全国牧区县人均纯收入为 8 462.6 元，其中畜牧业收入为 5 615.9 元，占其收入的比重高达 66.4%。

（二）经验总结

1. 必须根据不同区域的资源条件实施适度规模养殖

畜牧业必须走规模化养殖的道路，这是实现专业化、标准化和现代化的基础。但畜禽养殖的规模化，必须是适度规模养殖，不能不考虑当地自然经济条件，不切实际地大规模养殖。在我国奶牛、肉牛和生猪规模化养殖中，都曾出现过不切实际的贪大求洋，最终导致当地自然条件难以容纳那样的单体大规模，造成治理环境污染的难度加大，养殖成本提高，很难持续下去，最后不得不停产的窘境。相反，根据区域内自然条件，选择种养结合、生态循环的适度规模养殖，走"龙头企业+家庭农牧场"的群体大规模道路，是很有生命力的

发展模式。如温氏集团、襄大集团、正大集团等，既通过少量投资（轻资产发展模式）短期实现大规模扩张，又带动了农民致富。

2. 必须实施猪、牛、羊、禽全面发展的多元化畜种结构

我国是农业大国，又是人口大国，主要畜禽产品的供应必须主要依靠国内。因应新时代"两步走"战略目标，必须满足居民对畜禽产品消费花色品种多样化的要求。更为重要的是，我国农业体量全球第一，主要农作物副产品以及农产品加工品的副产品总量都很大。据估算，每年产生酒糟1 500万吨，醋糟200万吨，马铃薯渣150万吨，果渣150万吨，番茄渣30万吨，还有大量有营养价值的各类秸秆。尽管我国每年牛肉产量700多万吨，羊肉产量400多万吨，两者相加也只有肉类总产量的13%，单从经济角度，可以依赖从国际市场进口解决。但是，从整个农业生产系统来看，只有肉牛、肉羊产业才能把这么多的农作物副产品及农产品加工副产品消纳掉。若没有肉牛肉羊产业，则这些副产物将成为环境的一大公害。所以，肉牛肉羊产业是整个农业生产系统中的重要中枢，是农业生产系统良性循环的必备产业。对于我国如此大的农业体量，猪、牛、羊、禽产业都应发展，相互协调，不可偏废。

3. 健康养殖是保障畜牧业生产优质高效和安全的基础

畜禽健康养殖是通过一系列工程、技术措施，实现圈舍环境良好、饲料营养充足、粪污资源化利用、疫病防治及时有效，达到畜禽本身健康、畜产品安全和环境友好的目的（王明利，2008）。畜禽本身的健康是保障畜牧业生产效率提升的关键，也是保障畜产品优质安全的基础。只有畜禽所处圈舍及周边环境良好，饲料营养供应及时充足，疫病防控及时有效，才能保证畜禽本身的健康。若这些基本条件不能满足，畜禽就会产生各种应激反应，体内产生毒素，既影响畜禽生产效率的提升，也影响畜禽产品的质量安全水平。保障畜禽健康，并不是圈舍建设越高档豪华越好，也不是给动物提供饲料越精细越好，而是应根据不同畜禽的自然生产和生活习性去提供起居环境和安排饲草料给养，该精细的一定要精细，该粗放的一定要粗放。如畜禽也需感受阳光雨露、风吹日晒，就要提供这样的场所，牛羊的围栏和挡风墙足矣，不一定需要高档圈舍，既节约了固定资产投资，又保障了畜禽的舒适场所；草食动物以草为主食，精饲料是补充料，就应提供充足的优质饲草，精饲料作为营养补充适量供给，既可节约饲料成本，也能提高生产效率；牛羊在冬季饮用温水，替代传统的冷水，可显著提升生产效率；牛羊母畜提供放牧场条件，替代圈舍，既节约人力投资，又显著提升母畜的繁殖率和仔畜的成活率，还可保障母畜体质健

康，最终提升生产效率和经济效益。这些恰恰是我国过去饲养管理中忽略或没有引起足够重视的方面，也是导致与发达国家畜禽生产效率和产品竞争力差距大的主要原因。

4. 优质饲草的有效利用是提升畜牧业生产效率的重要途径

优质饲草是草食家畜的"主食"，而中国长期农耕文化更多追求作物的"籽实"，忽视了作物的全株利用；对草食动物大都采用"秸秆+精料"的饲喂模式，一方面导致精料消耗很大，另一方面草食家畜的营养健康也得不到保障，进而生产效率不高，畜产品质量安全水平较低。根据相关专家的测算，同样一亩耕地，适时收获植物的地上部分营养体所获得的营养物质一般是籽实的3~5倍。如在同样条件的耕地上，按照粗蛋白计算的农田当量，苜蓿草为4.9，黑麦草为3.1，即1亩苜蓿草相当于4.9亩水稻、7.0亩小麦或6.4亩玉米；1亩黑麦草相当于3.1亩水稻、4.4亩小麦或4.0亩玉米。若按照代谢能计的农田当量，1亩苜蓿草相当于1.6亩水稻、3.6亩小麦或2.3亩玉米；1亩黑麦草相当于1.3亩水稻，3.0亩小麦或1.9亩玉米（表1）。地上植株部分全株利用，营养吸收，过腹还田，不会留下污染公害；若只利用籽实，单位面积耕地上产生的营养大量减少，秸秆被废弃或燃烧，成为一大污染公害，且为此付出的监管成本增加很多。我们过去将饲草和饲料混为一谈，统一称作"饲草料"，其实两者不管是在种植制度、收获方式、贮存条件、利用方式，还是产品功能等各方面性质都完全不同，必须将饲料和饲草产业分开分别施策才能促进牧草产业尽快发展起来，突出牧草的地位和作用。

表1 粮食作物与饲草的干物质、粗蛋白、代谢能产出及农田当量折算

指标	稻谷	小麦	玉米	苜蓿	黑麦草
干物质产量（kg/hm²）	5 500	2 500	3 800	14 400	12 000
利用系数	1	1	1	0.8	0.8
干物质可利用量（kg/hm²）	5 500	2 500	3 800	11 520	9 600
粗蛋白含量（%）	8.5	13	9.5	20	15
粗蛋白产量（kg/hm²）	467.5	325	361	2 304	1 440
按粗蛋白计的农田当量	1	0.7	0.77	4.93	3.08
代谢能含量（MJ/kg）	13	13	13	10	10
代谢能产量（MJ/hm²）	71 500	32 500	49 400	115 200	96 000
按代谢能计的农田当量	1	0.45	0.69	1.61	1.34

注：根据任继周等（2007）研究的结果进行整理。

5. 产业化是拉动畜牧业提质增效的重要抓手

由于资源条件的限制，总体看，我国的畜牧业不能走单体大规模的"美国式"规模化道路。但面对国际大市场的竞争，又必须将分散的中小规模养殖组织起来，集中统一地在市场上讨价还价；同时，为了有效实现产品的标准化，有效实现全产业的利润留在产业内部，必须实现全产业链的一体化经营。畜牧业产业化在我国整个农业中一直处于领先地位，从 20 世纪 80 年代出现的牧工商联合公司，到目前的以奶产品加工、肉类加工、饲料加工等为龙头的"龙头企业+合作社+养殖场户"或"龙头企业+家庭农牧场"等产业化经营模式，都在提升畜牧业的组织化、规模化、标准化方面，以及提升产品质量和安全性方面，强化先进实用技术推广和品牌经营、抵御市场风险等方面起到了积极的推动作用。不过，目前来看，畜牧业产业化在利益联结机制等方面还很不规范，特别是奶业方面，由于原奶不耐贮存，容易受到龙头企业的压级压价等"卡脖子"现象，但这不能否定产业化的整体优势，而是国内市场监管不到位、标准不科学等问题引起的。目前生猪养殖行业产业化势头很好，迎合了国内资源和环保约束下的生猪养殖模式，前景广阔，如温氏模式、襄大模式、正大模式等，今后随着这些龙头企业一体化经营的深入推进，预期将会使生猪产业化提升到更高程度。此外，肉牛、肉羊的产业化程度普遍较低，今后必须在规范市场和强化法治的基础上提升产业化水平。

三、新时代畜牧业发展面临的挑战及未来趋势判断

（一）新时代畜牧业发展面临的挑战

1. 资源条件约束趋紧

我国人多地少，水土资源短缺将长期存在，直接影响着发展畜牧业所需饲草料的充足供应。预测到 2030 年中国的饲料粮占粮食的比重将达到 55%，所以，中国的粮食安全问题本质上是饲料粮的安全问题。2017 年，我国进口大豆 9 541 万吨，大麦 886 万吨，高粱 502 万吨，玉米 274 万吨，此外还进口酒精副产物（DDGS）38 万吨[①]。除进口大量饲料原料外，饲草进口也快速增加。2008 年以前，我国基本不进口草产品，还大量出口。在此之后，草产品进口大

---

① 2010 年以来我国每年进口 DDGS 的量达到几百万吨，2016 年以来快速下降。

幅提升。到 2017 年，我国进口草产品达到 185.6 万吨，比 2008 年增长 92.7 倍。土地资源的短缺也直接影响着畜禽养殖场用地的科学选择，从而直接影响着标准化规模养殖的顺利推进。一方面，养殖场用地审批困难；另一方面，即使审批通过，流转成本高企，大多地区每亩每年流转成本为五六百元，部分地区已经达到千元以上，使许多养殖场望而止步，不少地区畜禽养殖不得不向大山深沟发展，楼上养猪、地下养鸡等模式也屡见不鲜。此外，劳动力资源的短缺也影响着畜牧业的持续发展。自 2004 年发端于沿海地区并向全国蔓延的劳动力短缺现象，预示着中国经济发展的"刘易斯转折点"正逐步呈现。近年来中国城市经济的快速发展，吸收大量农村劳动力进入二三产业，从事养殖业的劳动力越来越少，素质越来越低。而畜牧业本来是劳动力密集型产业，并且劳动强度很高，许多方面机械难以代替，最终导致畜牧业生产的劳动力成本居高不下。

2. 环保约束趋严

国家出台的"水十条"中，要求严格划定畜禽养殖禁养区，并要求在 2017 年年底前，依法关闭或搬迁禁养区内的畜禽养殖场（小区）和养殖专业户，京津冀、长三角、珠三角等区域需提前一年完成。要求现有规模化畜禽养殖场（小区），必须配套建设粪便污水贮存、处理、利用设施；在散养密集区必须实行畜禽粪便污水分户收集、集中处理利用；自 2016 年起，新建、改建、扩建规模化畜禽养殖场（小区）要实施雨污分流、粪便污水资源化利用。2016 年发布的"土十条"，要求加强畜禽粪便综合利用，要求到 2020 年，规模化养殖场、养殖小区配套建设废弃物处理设施比例达到 75% 以上。2015 年发布了《关于促进南方水网地区生猪养殖布局调整优化的指导意见》，根据珠江三角洲、长江三角洲、长江中下游、淮河下游、丹江口等五个重点水网区域的水环境保护要求和土地承载能力，科学确定了禁养区和限养区，这些地区的许多养殖场发生了停养或搬迁。据调查，珠江三角洲某县已关掉 2 774 个养殖场户，减少生猪养殖 10 万多头。

3. 疫病防控形势仍较严峻

近年来，各类重大疾病在中国时有发生，每年带来的直接经济损失近 1 000 亿元，特别是 2004 年暴发的高致病性禽流感给家禽业养殖户造成了严重损失；2005 年发生在四川的猪链球菌病和 2006 年蔓延到全国的高致病性猪蓝耳病，引起了生猪生产下降和价格的剧烈波动，严重影响着生猪业的健康发展，成为拉动 2008 年全国 CPI 快速上升的重要因素，也引起了国家领导人的多次关注。2012年秋冬季节发生的H7N9流感,初步测算,截至2013年4月21日,已造成中国家禽业约230多亿元的损失;2014年H7N9流感又使国内的家禽业损失了400亿元。近年全国范围内发生的仔猪的流行性腹泻,一直困扰着国内生猪生产效率的提升,基本上每一次猪价的大幅波动背后都有疫病流行的影子(图6);2014年发生的家畜小反刍兽疫,成为其后几年国内肉羊价格大跌和养殖户亏损的直接原因。近年来随着疫病防控体系进一步健全和防控力度的不断加大,尽管疫情总体稳定,但局部地区出现的一些人畜共患病仍不可小觑,特别是从种畜开始的疫病源头净化工作长期而艰巨。

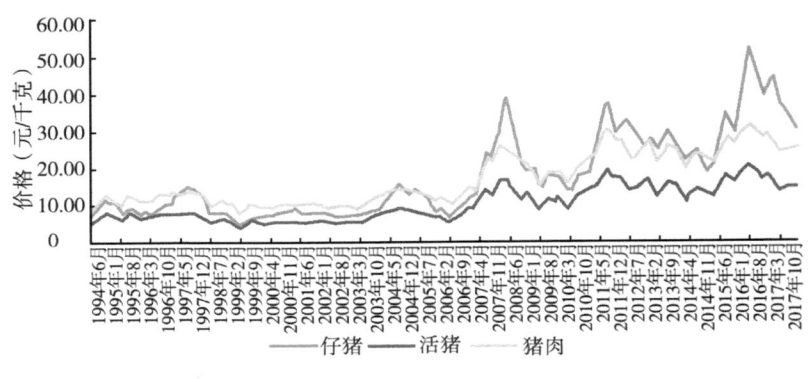

图6 生猪价格波动

4. 核心科技对外依存度高

我国畜牧业生产的一些关键环节科技创新任务艰巨,对外依存度大。第一,我国畜禽及牧草种质资源对外依赖大。国内种猪市场"洋三元"已成主流,市场份额占80%以上,国内地方品种市场份额不到20%;白羽肉鸡种源全部依赖进口,肉鸭品种中进口的"樱桃谷鸭"国内市场占有率超过80%,禽蛋产量50%左右由国外蛋鸡品种提供;肉牛中西门塔尔、利木赞、夏洛莱、和牛、安格斯等优质肉牛品种都源自国外;黑白花、娟珊等主要高产奶牛品种都是从国外引进;波尔、杜泊、陶赛特、萨福克等肉羊品种都来自国外;2017年苜蓿、三叶草、羊茅及黑麦草种子进口量分别达到1 237吨、2 932吨、15 202吨和31 279吨,分别是2010年进口量的3.4倍、1.5倍、1.2倍和2.1倍。第二,畜牧业生产各环节的机械设备许多都依赖进口。近年来,尽管我国畜禽养殖及饲草料生产机械设备生产取得一定成效,但与国外机械相比还存在很大差距,对外依赖程度依旧较高。从奶业生产机械进口来看,1994年的进口额就突破千万美元；2014年进口额达到历史最高，为5 403万美元；到2016年有所下降，但也达到2 956万美元。在2010—2016年，我国动物饲料配制机械累计进口8 914台套，家禽孵化器及育雏器累计进口21 619台套，家禽饲养机械累计进口36 735台套，干草制作机械、牧草打包机分别累计进口7 410台套和40 630台套。

5. 国际竞争力不强

第一，我国主要畜禽养殖的生产效率仍不高，比欧美、日韩等发达国家普遍较低。从出栏率看，2016年我国生猪、肉牛、肉羊和肉鸡的出栏率分别为156.4%、58.3%、88.9%和182.2%，而美国为165.5%、33.9%、29.5%和451.8%[①]。从主要畜禽个体生产能力看，2016年我国生猪、肉牛、肉羊和肉鸡的胴体重分别为76.7千克、142.3千克、16.3千克和1.4千克，美国为95.7千克、367.8千克、30.2千克和2.1千克；我国泌乳奶牛的单产为2 905.7千克，而美国为10 330.1千克；我国蛋鸡个体产蛋量为8.9千克，美国为16.5千克；我国能繁母猪每年提供的育肥猪头数（MSY）为16头，而美国等发达国家普遍都在20头以上。第二，我国主要畜禽生产的成本普遍比国际上的主要畜禽主产国高，导致在国际市场上没有成本优势，竞争力不强。由于资源禀赋差异，特别是养殖技术、饲养管理水平和理念等多方面差异，导致我国主要畜禽生产的成本普遍比国际上相应畜禽的主产国高很多。

（二）畜牧业发展趋势判断

1. 畜牧业必须进一步做大做强

2016年我国畜牧业总产值占农业的比重为28.3%，而目前主要发达国家畜牧业占农业的比重都在40%以上，我国畜牧业比重继续上升的趋势不可逆转。从国内经济发展及人民生活改善的需求看，总人口仍在增加，农村城镇化仍在加速推进，且目前人均肉蛋奶占有量与发达国家相比差距还很大，人均肉蛋奶消费量和占有量都还有很大增长空间。从生产和供给来看，尽管受到的资源、环境等约束越来越大，但通过实施畜牧业转型升级，通过科技进步的提升，不断提升资源的利用效率和生产效率，提升畜禽的个体生产能力来提供更多的肉蛋奶。目前我国与发达国家在这方面的差距仍然很大，但潜力也很大。此外，

---

① 我国在肉牛和肉羊方面的出栏率高于美国，主要是因为我国的专业化短期强度育肥及出栏量重复计算所导致。

应充分利用"两种资源和两个市场",实施"走出去"战略,以满足国内消费者的需求。

2. 部分畜产品进口的规模将继续扩大

近年来我国猪肉和牛羊肉的进口量越来越大,且增长比较迅速。这种趋势预期将继续存在。主要基于如下判断:一是我国主要畜禽产品生产的比较优势及国际竞争力较低,且短期难以扭转。导致我国畜禽产品比较优势及国际竞争力低的原因主要是生产成本较高且短期难以下降。目前,我国大多数畜禽产品的生产成本比国际上相应畜禽产品的主产国都要高40%以上,国内外成本的巨大差距直接导致大量进口。二是满足消费者更多的花色品种、调剂余缺需要扩大进口。随着居民生活水平的提升,对国际上优质的、具有丰富差异化的畜禽产品需求量也快速增加;此外,应对国内畜禽产品生产的波动也需要利用国际市场来调剂余缺。

3. 优质、环保、安全、高效将是未来发展的基本方向

顺应新时代我国现代化分两步走的战略,畜牧业生产只有不断转向绿色、安全、营养、高效,确保在2035年之前完成全面转型升级,才能为城乡居民实现美好生活提供充足、营养、安全的肉蛋奶来源,才能为社会主义现代化的基本实现和2050年全面实现现代化提供坚实的经济和物质基础,才能为建成富强民主文明和谐美丽的社会主义现代化强国提供现实可能。其中,环保是畜牧业发展的必备条件,优质和安全是畜牧业生产的基本前提,高效是畜牧业持续发展的最终保障。

4. 种养结合、农牧循环将是未来畜牧业生产的主要模式

欧美、日韩等发达国家畜牧业走过的道路,特别是作为世界沼气发电鼻祖的德国的实践经验,以及我国大规模、集约化养殖场所面临的问题反复证明,只有实施种养结合和农牧循环,才是畜禽粪污消纳和环境污染治理的最有效方式。自20世纪90年代,德国就开始大规模实施沼气发电来达到畜禽粪污的资源化利用。经过多年的实践,最终抛弃了沼气发电,重新捡起了过去的"种养结合和农牧循环"。我国已经发展起来的大型沼气发电,大多也是"面子工程",亏损严重,难以持续运行。我国不能再重走被国内外实践反复证明失败的老路,必须在科学测定和评价的基础上,根据不同区域的自然条件和生态特点,重新布局和统筹规划种养业,以实现良性循环。

5. "龙头企业+家庭农场"的群体大规模将是未来的主要经营模式

人多地少的基本国策决定了我国畜牧业生产总体上不能走集约化单体大规

模经营的道路，必须走"龙头企业+家庭农场"的群体大规模路子。当然，这并不排除个别资源条件丰富的地区采取集约化的单体大规模经营道路。第一，适度规模的家庭农场既可有效实现种养结合和农牧循环，又可保障一定经营规模的农户通过直接从事农业生产即可获得稳定收入，保障农村劳动力的稳定，保障畜牧业的稳定发展。第二，"龙头企业+家庭农场"的经营模式也是提升组织化的有效形式。畜禽产品总体上是生活必需品，需求弹性小，"增产不增收"的现象经常会出现，这就要求生产必须组织起来，具有一定的计划性，不能盲目扩大规模，只有这样才能保障生产者获得一定的利润。

四、适应新时代畜牧业发展的建议

（一）转变观念、创新理念有时胜于科技创新

改革开放 40 年我国畜牧业发展的实践证明，很多情况下转变观念、创新理念比科技进步还重要。目前国内应用的许多科技成果，也是当今世界正在应用的科技成果，但我国的畜牧业与国际先进水平相比，仍然差距较大。仔细分析，还是观念、理念和思路的问题。今后的畜牧业发展，必须要树立根据不同畜种的自然习性来进行科学饲养管理的理念。国外先进的养殖理念是"该精细的必须精细，该粗放的一定粗放"。如国外圈舍建设不一定豪华，许多圈舍只有围栏和挡风墙，没有顶棚，既保障了牛羊的风吹日晒，也大幅节约了固定资产投资，但在饲草料供给上是"货真价实"，绝对优质；而国内大多数大中型养殖场，建设得都比较豪华，但在饲草料供应方面普遍比较吝啬。另外，国外许多养殖场在冬季给牛羊供应温水，而国内大多数养殖场是做不到这一点的。此外，国外对于牛羊母畜，必然是采取放牧养殖，没有天然草场的地区也要建设人工放牧场，既保障了母畜的健康，提升了生产效率（提高了母畜的繁殖率和仔畜的成活率），又节约了人工、机械等成本，从长期算总账效益是提高的；而我国大多养殖场都是舍饲养殖。

（二）强化重视草的作用，构建"粮+经+饲+草"四元结构

长期以来，传统农耕文化一直在影响着人们关于发展牧草产业的认识。我国多少年来从事农业生产的目标就是收获籽实，特别是在长期粮食安全的目标指引下更是如此。直到 21 世纪头十年，特别是 2008 年的"三聚氰胺"事件

后，业界才对牧草的重要性有所认识。2008年国家启动的"现代农业产业技术体系"，将牧草作为50个产业之一同步启动，标志着国家第一次将牧草真正作为一个产业来对待和决策。其实在畜牧业发达国家，长期以来一直将牧草作为"作物"来对待，美国一直将苜蓿草作为仅次于大豆之后的第四大作物，详细地设置于其农业统计体系中。基于牧草产业在畜牧业转型升级中的重要意义，今后我国的农业生产中，必须将牧草作为作物对待，将牧草生产作为农业产业对待。目前的"粮+经+饲"三元结构，我国早在1992年就提出来了，但饲草一直没有发展起来，究其原因主要是饲草的地位没有突出。这里的"饲"尽管指"饲草料"，但饲料和饲草不管在种植制度、收获方式、贮存条件、利用方式，还是产品功能等各方面性质都是完全不同的两类作物，不能将其混为一谈，必须突出牧草的地位和作用，全面构建"粮+经+饲+草"四元结构。

（三）每一个产业的发展，不能仅从经济角度考虑，应从整个农业生产良性循环中定位

从发达国家走过的道路来看，农业的发展都不是单纯从经济角度定位，农业的多功能性早已被国内外学界、产业界所认同。对于畜牧业中的生猪、肉牛、肉羊、奶牛、肉鸡和蛋鸡等产业，尽管个别产业从产量的贡献和经济的贡献看都不够大，且资源消耗较多，即使这样，也不应轻易放弃国内发展而由国际市场来解决。比如肉牛肉羊产业，尽管两者加起来每年仅供应1 100多万吨肉，占国内肉类产量的不到15%，但其重要性仍不可低估。第一，牛羊产业是改善居民膳食结构、提升居民健康营养水平的重要产业，更是边疆少数民族地区居民赖以为生的重要产业。第二，从整个农业生产循环系统看，牛羊产业又是保障我国农业生产良性循环的中枢产业。我国的农业体量世界第一，许多农作物副产物和农产品加工副产物都依赖牛羊产业来消纳转化，然后还田，进入下一轮循环。若没有这个中枢环节，这些副产物不仅不会成为可利用资源，反而又会成为环境污染一大公害。第三，从生物多样性来看，畜牧业生产中的猪、马、牛、羊、禽一个也不能少，只有这样才能保障整个生态系统的良性循环。

（四）扎实推进以种业为核心的科技创新，强化科技推广的广度和深度

畜禽种业和畜牧业生产机械装备是我国畜牧业的短板和瓶颈。必须下大力气持之以恒推进以种业和机械为核心的科技创新。这些方面的全面创新和自主

研发不是单靠一两个项目或一两个五年计划就能实现的，建议单独对这些方面的研发组建国家级、省级和地区级的创新研发团队；各层级的创新研发团队实行分工负责、紧密协作；在财政资金支持上实行定向、长期、稳定支持。在科技推广方面，坚持实施政府推广部门为主导，龙头企业、合作组织、科研院校等共同推进的多元科技推广体系。在推广技术的选择上，政府推广部门深入分析和严格审核不同区域制约不同畜禽产业发展的关键技术，在人员培训和技术示范等方面集中发力，并定期测算和评估推广的广度和农民掌握的程度，扎实推进、持续推广；龙头企业、合作组织等根据市场所需产品的标准，选择一整套先进适用的技术体系全面推广；科研院校应针对某一产业全产业链的技术需求进行重点攻克和集成示范，重点应聚焦在服务地方政府部门、龙头企业和合作组织上。

（五）重构畜牧业发展的支持保护体系

一是推动畜牧业支持保护政策措施的精准化。主要包括政策制定的精准化、政策实施的精准化和部门权责的精准化。二是应区分畜牧业支持保护的市场化与公益性。充分利用市场化机制推进畜牧业支持保护体系建设，强化基础设施、环保及防灾减灾等公益性政策扶持。三是推进畜牧业支持保护政策实施的制度化。具体包括推进支持保护制度化建设，实现支持保护制度的层次化，推进制度建设的系统化。四是推进畜牧业支持保护政策实施的法制化。建议及时启动制定有关畜牧业支持保护的相关法律或法规，推动支持保护方式方法、政策工具、补贴标准、监督管理等方面的明确化和常态化，提高支持保护政策的稳定性和连续性。此外，应加快畜牧业投资立法，明确各级政府在畜牧业投资中扮演的角色，明确各级政府权力范围，规范各级政府权力行使，规范各自的行为，促进畜牧业投资规模不断扩大、投资结构更加完善合理、投资质量和效益持续提高。

参考文献

任继周，林惠龙，侯向阳，2007. 发展草地农业，确保中国食物安全［J］. 中国农业科学，40（3）：614-621.

王明利，2008. 转型中的中国畜牧业发展研究［M］. 北京：中国农业出版社.

研究报告6

改革开放40年来中国农业农村现代化发展与未来发展：思路与途径

(中国农业科学院农业经济与发展研究所 蒋和平)

自1978年12月党的十一届三中全会作出了对内改革、对外开放的重大决策后，中国的改革开放首先从农村开始。我国农业农村经过40年的发展建设，通过逐步调整农业农村生产关系和上层建筑中不适应生产力发展的某些环节和方面，使我国农业农村面貌发生巨大改变，我国农业农村现代化建设已取得很大成效。本文对改革开放40年来我国农业农村现代化建设取得的成效进行回顾，总结和归纳农业农村现代化发展的创新之处及仍亟待解决的问题，并探讨未来我国农业农村现代化发展思路。

一、改革开放40年来农业农村现代化发展成效

改革开放40年来，在党中央和国务院的坚强领导下，始终坚持不断解放思想，坚持农民的主体地位，使我国农业农村现代化发展取得了瞩目的历史性成就，农业农村现代化成果显著。

(一) 农村改革取得新进展

自20世纪80年代实行家庭承包经营为基础、统分结合的双层经营体制确立以后，农村土地承包经营制度改革进一步深化。一方面，土地确权颁证工作持续推进，截至2017年6月底，已完成确权面积10.5亿亩。另一方面，土地流转加快，截至2016年年底，全国耕地流转面积达到4.79亿亩，适度规模经营已成趋势。农村集体产权制度改革试点稳步开展。截至2015年年底，全国有5.8万个村、4.7万个村民小组实行农村集体产权制度改革，农民股金分红累计达到2 600亿元。农村集体资产股份权能改革29个试点县(市、区)中，组

织开展清产核资、集体经济组织成员身份确认、积极发展农民股份合作,极大激发了农村资产潜能,促进了农村集体经济的壮大和农民增收(夏英 等,2018)。农村金融服务综合改革不断深化,农村金融服务水平得到有效改善。我国目前已经形成了政策性金融、商业性金融和合作性金融相结合的多形式、多层次的农村金融服务体系(张乐柱 等,2016)。自 2007 年我国首次创立涉农贷款,涉农贷款余额从 2007 年年末的 6.1 万亿元增加至 2016 年年末的 28.2 万亿元。截至 2016 年年末,全国累计为 1.72 亿农户建立信用档案,约 9 248 万农户获得银行贷款,贷款余额 2.7 万亿元,缓解了农民资金短缺问题。农村金融机构针对农业适度规模经营、绿色生态等农业发展新变化不断创新金融产品,探索大型农机具、林权等抵押贷款业务,进一步完善农村金融服务体系。

(二)农业综合生产能力实现新跨越

改革开放 40 年来,在我国农业农村改革的推动下,我国农业综合生产能力实现新跨越。2017 年,全国粮食总产量达到 61 791 万吨,是 1978 年我国粮食总产量 30 476.5 万吨的两倍,从 2003 年至 2015 年实现历史性的十二连增(表1)。主要粮食品种稻谷、小麦、玉米以及棉花、油料、糖料、肉类、禽蛋、水果、蔬菜、水产、天然橡胶等农产品稳定增长,市场供应充足,农产品质量安全水平不断提升。农业物质技术装备水平明显提高,机械化水平显著提升。根据三次全国农业普查结果显示,1996 年年末全国联合收割机为 11.34 万台,2006 年年末为 55 万台,增长 385.0%;至 2016 年年末联合收获机达到 114 万台,比 2006 年增长了 107.3%。2006 年喷灌面积和滴灌、渗灌面积占耕地面积的比重分别为 1.8% 和 0.8%,机播面积占播种面积的比重为 32.6%,比 1996 年提高了 16.4 个百分点。2016 年年末,全国灌溉耕地面积 6 189 万公顷,其中有喷灌、滴灌、渗灌设施的耕地面积 1 001.8 万公顷,占比 16.2%。

表1 1978—2017 年我国粮食播种面积及三大主粮产量变化表

年份	粮食作物播种面积(万公顷)	粮食总产量(万吨)	稻谷产量(万吨)	小麦产量(万吨)	玉米产量(万吨)
1978	12 058.7	30 476.5	13 693	5 384	5 594.5
1980	11 723.4	32 055.5	13 990.5	5 520.5	6 260
1985	10 884.5	37 910.8	16 856.9	8 580.5	6 382.6
1990	11 346.6	44 624	18 933.1	9 822.9	9 681.9
1995	11 006	46 661.8	18 522.6	10 220.7	11 198.6

(续表)

年份	粮食作物播种面积（万公顷）	粮食总产量（万吨）	稻谷产量（万吨）	小麦产量（万吨）	玉米产量（万吨）
2000	10 846.3	46 217.5	18 790.8	9 963.6	10 600
2003	9 941	43 069.5	16 065.6	8 648.8	11 583
2005	10 427.8	48 402.2	18 058.8	9 744.5	13 936.5
2010	10 987.6	54 647.7	19 576.1	11 518.1	17 724.5
2015	11 334	62 144	20 825	13 019	22 458
2016	11 302.8	61 623.9	20 693	12 885	21 955
2017	11 222	61 791	20 856	12 977.4	21 589

数据来源：《中国统计年鉴》，国家统计局网站。

（三）农业产业发展取得新成就

改革开放之初，我国农业生产仍以传统的"面朝黄土背朝天"的劳作方式为主，经过几十年的发展，农业产业已经突破了传统意义上的传统农业概念，涌现出许多农业新产业、新业态。1978年，我国设施农业栽培面积很小，农产品加工业和休闲农业产值较小。国家统计局的数据显示，2006年年末，全国温室面积8.1万公顷，大棚面积46.5万公顷，种植蔬菜、食用菌、水果、园艺苗木等多种经济作物。2016年年末，全国温室占地面积33.4万公顷，大棚占地面积98.1万公顷。农业工程技术的进步使设施农业发展壮大，温室种植解决了以往由于自然条件因素所导致的城乡居民农产品需求不足的问题。农产品加工业产业体系已经形成。2016年我国成规模的农产品加工主营业务收入为20.3万亿元，利润总额达到1.34万亿元。加工业与农业总产值之比达到2.2：1，初级农产品大量销售现象有所改变，初加工、精加工农产品所占农产品市场比重增大。农村旅游也迈上新台阶。2017年我国休闲农业和乡村旅游类经营主体为33万家，年营业收入近6 200亿元，比2016年增加了3万多家，有效带动了农民就业和增收。

（四）农民增收实现新突破

从年际变化来看，1978年农民人均纯收入为134元，由于城乡二元体制的存在，农民进城务工受到限制，农民务工收入几乎没有，加上当时政府没有给农民发放农业补贴，农民无法享受到政府提供的财政转移收入，此时农民收入仍以家庭农业经营收入为主，收入来源单一。2016年农民人均纯收入上升为12 363元，扣除物价指数因素影响，年均增长7.2%。农民收入来源结构日趋多元化，2013—2016年，根据国家统计局提供的统计年鉴统计数据显示，农民人均可支配收入中，工资性收入、经营净收入、财产净收入和转移净收入都呈现上升趋势。2016年工资性收入对农民增收的贡献率达到48%，成为增收的主渠道。从与城镇居民的收入差距来看，2017年农村居民人均可支配收入达到13 432元，增速为7.3%，高于城镇居民收入增速0.8个百分点，且增速连续8年高于城镇居民，城乡收入倍差缩小至2.71∶1。我国现行标准下农村贫困人口从1978年的2.5亿人减少到2016年的4 335万人，贫困发生率下降到4.5%。

（五）农村基础设施和公共服务实现新提升

1978年以前，农村基础设施较少，农业生产仍然"看天吃饭"，农业为工业发展提供大量积累和物质基础，但农民生活水平低下，农村基本公共服务缺失。随着改革开放进程加快，这一状况发生明显改观。根据第二次和第三次全国农业普查数据，我国农村基础设施、基本公共服务和农民生活条件明显改善。2006年年末全国有72.3%的镇实施集中供水，19.4%的镇生活污水经过集中处理，36.7%的镇有垃圾处理站，20.6%的村完成改厕。到2016年年末，91.3%的乡镇集中或部分集中供水，17.4%的村生活污水集中处理或部分集中处理，90.8%的乡镇生活垃圾集中或部分集中处理，53.5%的村完成或部分完成改厕。2006年年末，30.2%的村有幼儿园、托儿所，13.4%的村有图书室、文化站，74.3%的村有卫生室。到2016年年末，32.3%的村有幼儿园、托儿所，96.8%的乡镇有图书馆、文化站，81.9%的村有卫生室。农村实现村村通电话、乡乡能上网、广播电视基本全覆盖。农村教育基础设施继续改善，农村医疗卫生服务体系进一步健全。新型农村社会养老保险与城镇居民养老保险并轨，实现制度全覆盖。

（六）生态保护与修复呈现新局面

改革开放以来党和政府逐步探索生态文明建设，保护生态环境成为我国的一项基本国策，树立科学发展观念，更加重视保护自然生态环境。在农业生产地区已累计营造农田防护林3 600多万亩，3.23亿亩农田实现林网化，占三北地区农田总面积的65%。农田防护林体系建设大大提高了土地生产力。部分地区采用节水灌溉技术，平均节水达20%，通过完善斗、农渠工程，老灌区总用水量减少约 1/4，缓解了农业用水紧缺矛盾。2012—2016 年累计造林 3 000 万公顷，1.08 亿公顷的天然林得到有效管护，全国森林覆盖率达到 21.66%，森林蓄积量达到 151 亿立方米。草原综合植被盖度达到 54%，累计治理水土流失面积 26.55 万平方千米，全国沙化土地面积年均减少 1 980 平方千米，石漠化面积年均减少 16 万公顷，近一半湿地得到保护。

二、我国农业农村现代化发展的创新之处

改革开放 40 年来，我国在农业农村现代化发展过程中进行了有益的实践和探索，在国家粮食安全保障、农业经营管理制度、农业科技、农业发展方式、培育农业经营主体、城乡统筹与融合发展等方面都有较大创新，具体表现为以下几个方面。

(一) 保障国家粮食安全方面有创新

粮食安全关系到国计民生，关系社会稳定，是国家安全的基础。改革开放之初实行的农村家庭联产承包责任制，调动了广大农民的生产积极性，促进粮食产量的大幅度增长。进入 21 世纪以来，我国根据粮食生产能力和国情变化，在保障粮食安全方面作出积极的调整。在政策层面上，自 2004 年至 2018 年的中央"一号文件"始终强调粮食安全的紧迫性和重要性，保障粮食安全的警钟长鸣；并于 2008 年编制了《国家粮食安全中长期规划（2008—2020 年）》，是中国粮食安全的最新战略性指导文件。在理论层面上，2014 年提出了实施"以我为主、立足国内、确保产能、适度进口、科技支撑"的新时期国家粮食安全战略（张晓山，2016）；习总书记多次强调"保障国家粮食安全是一个永恒课题，任何时候这根弦都不能松"，要求严格遵守 18 亿亩耕地红线不动摇。在具体举措上，我国逐步建立健全中央和地方的多级粮食储备体系，增加粮食风险基金、深化粮食流通体制改革，完善粮食价格形成机制，加大对粮食主产县的奖励补助资金，建立健全对粮食主产区利益补偿制度；从 2015 年开始落实粮食安全省长责任制，并对其考核主体、原则、内容等作了全面部署。新时期在粮食安全方面的理论与实践创新，使我国探索了一条具有中国特色的粮食安全之路。

(二) 农村土地经营管理制度有创新

土地是农业生产、农民生活的基本要素，农村土地包含了农村耕地、宅基

地、集体经营性建设用地三个部分。我国农村土地经营制度变革逐步释放了土地束缚。一是农村耕地由两权分离转变为三权分置，土地承包关系保持长久不变。改革开放初期实行的家庭联产承包经营责任制，土地所有权归集体所有，农户拥有经营权，实现了两权分离。随着农业适度规模经营的推进，农村土地经营管理逐步演变成在坚持农村土地集体所有的前提下，农村土地所有权、承包权、经营权三权分离，允许经营权流转的格局。与之相对应，土地承包期限也发生变化。1984年中央"一号文件"中规定土地承包期延长到15年，党的十九大报告中指出"保持土地承包关系稳定并长久不变"，有利于农业生产的稳定性。二是盘活农村宅基地，增加农民财产性收入。完善农村宅基地制度，探索宅基地有偿使用和自愿有偿退出机制，逐步探索农民住房财产权抵押、担保、转让的有效途径。改革试点开始推行并将范围拓展到了33个地区。三是农村集体建设用地与国有建设用地享有同等权利，允许其出让、租赁、入股。农村土地经营管理制度改革始终坚守土地公有性质不改变、耕地红线不突破、农民利益不受损的底线和方向，激发了土地生产要素的活力。

（三）农业科技进步有创新

经过40年努力，我国农业科技进步成果显著。一是在重大农业科技研发方面取得突破。2017年袁隆平团队研发的第三代杂交水稻平均亩产1 149.02千克，创造了世界水稻单产的最高纪录，对保障国家粮食安全作出巨大贡献。"十二五"期间我国育成粮食和经济作物新品种3 700多个，农作物基因组学、禽流感疫苗等农业技术领先国际水平，重大病虫害防治工作取得成效，2017年我国农业科技贡献率升至57.5%。二是中央到省、地、县、乡多层次、多功能的农业技术推广体系初步形成。通过向生产经营者推广施用肥料、病虫害防治、栽培、养殖、农业机械使用等技术，可提高农业生产的经济效益、社会效益和生态效益。三是国家农业科技园区等已经成为农业科技创新与转化的重要基地。截至2017年年底，246家国家农业科技园区核心区面积579万亩，示范区2.0亿亩。园区引进培育的农业企业总数达8 700多家，其中高新技术企业1 555家。累计引进培育新品种4.09万个，推广新品种1.46万个，引进推广各类农业新技术2.2万项，审定省级及以上植物和畜禽水产新品种642项，取得专利授权超过4 000项，带动700多万名当地农民就业。国家农业科技园区建设产学研相结合，示范带动作用增强，推动了农业农村现代化进程。

(四) 农业发展方式有创新

改革开放 40 年以来，农业农村经济领域在发展方式上也发生了深刻变化。一是由过去依靠扩大农业种养殖规模向依靠科技创新和推广应用转变。科技作为第一生产力，越来越在农业中发挥着重要作用。如高标准农田改造、土壤污染防治、农产品品种的更新换代、农业生产全程机械化的开展都依赖于科技的支撑。二是由依靠产量提高向品质提升转变。城乡居民在解决温饱问题后日益注重农产品质量，而农产品供需矛盾突出促进农业生产调结构、提质量的转变。即更加注重推行农业标准化、品牌化、可溯源化，加强农产品质量安全执法监管。农产品市场绿色食品、有机食品增多，消费者对高质量农产品认可程度与购买程度提高。三是由依靠单一产业向产业融合转变。产业融合即"接二连三"，将种苗繁育、加工销售、仓储流通、旅游观光等众多环节实现一体化经营，大力发展特色农业、休闲农业等新的农业产业形态，有效带动了农民致富。四是由依靠化肥农药投入向绿色发展方向转变。在生态环境容量和资源承载力的约束条件下，农业生产经营更加注重保护环境资源，降低化肥农药的投入量，切实实行低碳循环生产方式，提高资源利用率。2017 年我国三大粮食作物化肥利用率为 37.8%，农药利用率为 38.8%，分别比 2015 年提高 2.6 个和 2.2 个百分点。从 2015 年起农药使用量已连续三年负增长，化肥使用量零增长，实现农业生产的科学化、可持续化、生态化。

(五) 培育新型农业经营主体有创新

新型农业经营主体的出现，适应了我国现代农业发展的需要。2012 年中央农村工作会议正式提出培育新型农业经营主体的要求，着力构建新型农业经营体系，并采取一系列措施给予政策扶持。首先，加强基础设施建设。鼓励修建仓储烘干、农机库棚等农业设施、农田水利设施及农村物流设施，提高农业生产的规模化、集约化程度。其次，增强财政扶持力度。综合采用直接补贴、以奖代补等方式，增加对新型经营主体的资金投入；农机具购置补贴、税收优惠等政策向新型农业经营主体倾斜，提高补贴政策的针对性和有效性。最后，提高规范程度。我国在培育新型农业经营主体过程中，注重对家庭农场、农民合作社及龙头企业的内外部监督，采用标准的生产方式和财务记录，实现其自我发展、自我完善。截至 2016 年年底，家庭农场、合作社、龙头企业等新型农业经营主体达到 280 万个，新型职业农民总数超过 1 270 万人（余瑶，2017）。

我国农业产业化龙头企业达13.03万个,年销售收入约为9.73万亿元。全国家庭农场有87.7万个,平均经营规模为215亩左右。据新华社报道,截至2017年7月底,在工商部门登记的农民专业合作社达193.3万家,提供产加销一体服务的合作社超过50%。

(六) 城乡统筹与融合发展有创新

我国加快破解城乡二元结构步伐,在实践中逐步形成了一系列城乡统筹与融合发展的新理念。一是确立形成以工促农、以城带乡、工农互惠、城乡一体的新型工农城乡关系。逐步缩小城乡居民收入差距。二是遵循以人为本的城乡发展理念,推动农业转移人口市民化的过程中,保障好农民的落户及就业问题,为农民提供新型农村合作医疗,加强对农民工的技能培训及解决好其子女上学问题。2011年我国城镇化率为51.27%,首次超过50%,标志着我国社会结构发生巨大变化,城镇化进入快速发展阶段,到2017年我国城镇化率已经达到58.52%。三是坚持工业化、信息化、城镇化、农业现代化四化同步。坚持补足农业农村这块短板,努力实现农民的全面小康才可实现全中国的小康社会。四是加强新农村建设。修建并完善农村道路、饮水、通信等基础设施,加强农村先进文化的宣传和建设,进行环境整治,改变农村面貌。

三、我国农业农村现代化发展存在的问题

推进农业农村现代化,需高度重视并着重解决当前我国农业农村发展领域存在的突出问题和发展制约因素。

(一) 农业发展受到资源环境双约束

随着我国人口数量增加,农业发展面临着资源短缺和环境污染的压力也持续增大。我国耕地人均占有量少且质量总体偏低,后备资源不足。我国耕地面积18.26亿亩,但人均耕地面积只有世界平均水平的1/3;中低产田占比为78.5%,耕地退化显著;2010—2015年,每年耕地总量减少约80万亩,耕地后备资源降为8 000万亩左右(姜欢欢 等,2017);农业用水需求量大,但我国水资源时空分布不均且水质呈恶化趋势(何安华 等,2012)。2016年全国总用水量6 040.2亿立方米,其中,农业用水占62.4%。水土资源不平衡造成我国旱涝灾害频繁,并由此引发了农业生产的不稳定。除资源环境约束以外,劳

(二) 农业生产成本急剧上升

近年来,农业生产成本上升迅速。其中劳动力成本上涨较快的根本原因在于农民收入提高的影响(钟甫宁,2016)。另外,农村青壮年劳动力的外流在一定程度上也造成劳动力成本上升。同理,土地资源的有限性使得土地的价值升高。据《全国农产品成本收益资料汇编》数据显示,我国水稻、玉米、小麦三大主粮的每亩主产品总成本、人工成本、土地成本分别由 2009 年的 600.41 元、188.39 元、114.62 元上涨为 2014 年的 1 068.57 元、446.75 元、203.94 元,上涨幅度分别为 77.97%、137.14%、77.93%。与美国相比,2015 年中国玉米、稻谷、小麦三大主粮亩均总成本分别比美国高出 56.05%、20.82%、210.42%,我国农业生产成本居高不下的问题极为突出。

(三) 农业支持保护体系发展落后

农业支持保护体系精准性不足、落实不到位、资金整合力度不足、基础设施投入少、粮食主产区投入少等问题日益突出。农业投入与生产补贴一般按照农户承包土地面积来计算,许多撂荒农民获得补贴但通过土地流转进行规模种植的真正的农业生产者无法获得。我国现行农业补贴涉及面广、补贴环节多,财政支农资金分散,交叉重合部分多,无法使有限的财政资金发挥最大的效果。农业基础农田水利设施薄弱,基础设施服务由 2002 年的 900 多亿元增至 2010 年的 2 100 多亿元,但在政府的一般服务支出中的比重由 75% 降至 53%,下降了 22 个百分点;粮食主产区地方政府财政收入和农民收入低于全国平均水平,地方财政农业投入有限,主产区对主销区利益补偿与风险分担机制仍需完善(蒋和平,2018)。

(四) 农业综合竞争力较低

尽管农业综合生产能力取得了长足进步,但我国农业仍为弱势产业的现状还未改变。"四化同步"中,农业仍为短板。一方面,与二三产业相比,农业发展基础薄弱,受自然因素影响大,2016 年第一产业对国内生产总值的贡献率为 4.4%,远远低于第二产业 37.4% 的贡献率和第三产业 58.2% 的贡献率。第一产业对国内生产总值增长的拉动为 0.3 个百分点,与第二产业和第三产业的

2.5个百分点、3.9个百分点相比较低。2016年我国农业占GDP比重为8.6%，2017年我国农业劳动生产率为人均31 061.2元，仍远低于二三产业。另一方面，我国农业国际竞争力较低。农产品生产成本与销售价格双高导致比较利益下降，从国外进口农产品（如大豆）增多，跨国农业集团对我国农业市场的占有率逐步提高。

（五）农民持续增收动力不足

传统小农户的家庭经营，市场信息不畅通，抵御自然风险和市场风险的能力较弱，单纯从事农业收入无法满足家庭需要。外出务工的农民工大多从事劳动力密集型行业，工资性收入水平低下且收入来源渠道较为单一。由于土地流转市场不完善，农业企业、种植大户和农民专业合作社等其他经济组织发展缓慢，影响了农业适度规模经营。农村经营资产还未完全激活，农村集体产权制度改革仍处于起步和试点阶段，农民财产性收入与城镇居民相比增加幅度极其有限。

四、推进未来农业农村现代化发展的思路与途径

经过改革开放40年，我国农业农村发展发生了翻天覆地的变化，当前我国农业和农村发展已经再度进入新阶段，面临着新的问题和挑战。农业农村现代化是一项复杂而艰巨的系统工程，在新阶段务必要用新理念、新思维、新举措，加快推进农业农村现代化，让农业成为有奔头的产业，让农民成为有吸引力的职业，让农村成为安居乐业的美丽家园。

（一）以顶层设计为引领，探索中国特色农业农村现代化的发展道路

做大做强做优现代农业、推动农村现代化进程必须从我国国情出发，深刻把握时代特征变化，积极探索中国特色农业农村现代化道路。首先，加强顶层设计和谋划布局，发挥好党和政府总揽全局的作用。要以解决问题为导向，以保障国家粮食安全为重点，以推进农业供给侧结构性改革为主线，努力实现农业可持续发展、农民幸福感提升、农村和谐繁荣的三大目标。要从薄弱环节发力，改革试点先行，稳步推进和实施各项政策。其次，对政府与市场在农业农村现代化中进行准确定位，正确处理好政府与市场之间的关系，互补完善、相互配合。使市场发挥在资源配置中的决定性作用，加强农村市场体系建设，减

少市场扭曲。最后，要在家庭承包经营的基础上，实现小农户与现代农业的有机衔接。我国农民人数众多，小农户经营仍然是适合我国农业生产的有效方式。所以要在坚持家庭承包经营基本制度不动摇的基础上，在新型农业经营主体的引导下，提高小农户的组织化程度和社会化服务水平，实现农业现代化。

（二）以新型粮食安全观为导向，深化我国粮食产业供给侧结构性改革

新时代应当树立新型粮食安全观念，即"在质与量两方面同时满足全社会对粮食日益增长的需求的基础上逐步改善粮食生产自然环境，促进生态良性循环，使粮食综合生产能力、种粮农民收入和农业资源转化效率稳步提升"。当前，面对人民日益增长的美好生活需要和不平衡不充分的发展之间的矛盾，我国粮食生产必须从"以主攻粮食产量为重"的导向转变为"以保证粮食有效供给为重"的发展导向，未来我国的粮食安全应突出三大有效点。一是有效的粮食生产。在保证市场需求的条件下，注重提高粮食生产质量，提升农业资源转化为粮食使用价值的转化率，保障粮食的无害性，提高营养价值，增加"无公害、绿色、有机"的中高档粮食产量供给；注重优化粮食品种结构，我国粮食品种结构应随着城乡居民粮食需求变化而调整。二是有效的粮食进口。立足"国外粮食市场是补充"的原则，根据国内粮食生产情况，利用粮食配额和关税与非关税措施，合理调控各种粮食的进口量。对于我国产能强、库存大的粮食品种，要少进口或不进口，避免出现"进口粮"把"国产粮"挤进仓库积压的怪现象。三是有效的粮食储备。要优化国家粮食储备布局，在粮食主产区继续执行粮食"去库存"政策，从产加销各环节出发，坚决解决好粮食"超高库存"问题。在粮食主销区强化国家的战略应急粮食储备能力，加大国有企业、民营企业和农民的粮食有效储备，增强粮食储备效率和多元调节能力。

（三）以新的发展理念为指导，实施农业农村现代化发展的"七大工程"

结合当前我国农业农村面临的新形势和新挑战，要加大推进农业农村现代化的实施，重点抓好农业现代化发展"七大工程"。

一是实施农业产业升级工程。坚持"优质、高效、绿色、生态、安全"的发展理念，利用农业高新技术对传统种植业、畜牧业、水产业、农产品加工业等产业进行改造升级，形成新的产业和新的业态与规模效应。大力推动一二三产业的有机融合与发展，通过延长产业链条，大力发展休闲农业与乡村旅游、民俗旅游与文化创意、农村电商与物流配送、农事教育与科普推广、健康养生

与乡村养老等新型产业，不断创造出多种多样的新产业、新业态，实现农业价值链提升，扩大乡村劳动力就业，增加农民收入。

二是实施农业金融贷款创新工程。创新财政支农机制，放大财政支农政策效应，发挥好财政支农资金对乡村振兴的引导与支持作用，提高财政支农资金和农业补贴的使用效益。通过健全农村诚信体系和完善农业信贷担保的法律法规为农村金融的发展营造良好的环境，培育新型农村合作金融组织和农村资金互助组织，探索和丰富农村金融机构类型，创新适合农业生产经营者的金融产品。将担保机构与银行相结合，担保机构利用银行的监管和审查优势，可更方便地申请到涉农贷款，银行也可与信贷担保机构共同承担风险。建立健全政策性农业保险工作长效机制，提高财政对重要农产品保险的保费补贴比例，或通过以奖代补的方式支持与鼓励。鼓励保险机构针对区域特色优势农产品开发保险产品，发展互助合作保险，健全农业保险大灾风险分散机制，应注重更多运用农业保险来防范和化解农业生产的风险，减少农业生产经营者的损失。

三是实施乡村人才培育集聚工程。乡村振兴战略是农业农村的一场根本性变革，必须依靠人力资源的集聚和人口知识结构的根本性改变。以乡情乡愁为纽带，大力推进"市民下乡、能人回乡、企业兴乡"工程，鼓励和引导城市市民、企业家、党政干部、技能人才、大学生、社会贤达等返乡创办实业，利用当地资源，带动农民就业创业，增加农民经营性收入。大力实施农村劳动力技能培训工程、农业职业经理人培训工程，培养一大批懂技术、善经营的新型职业农民和懂农业、爱农村的新农人，让农业真正成为有奔头的产业，让农民真正成为体面的职业。

四是实施农民增收促进工程。着力增加农民经营种养业收入，重视发展粮食和特色农产品生产，优化品种结构，提高单产水平，发展生态循环农业，保障农民种粮收益，在此基础上延长产业链、完善利益链，促进农民从新产业新业态发展中受益。着力增加农民工资性收入，鼓励支持农村富余劳动力外出打工，发展具有特色的农村经济，引导农民工就业创业，拓宽农民增收渠道。着力增加农民财产性收入，促进资源变资产、资金变股金、农民变股东。着力增加政府对农民的转移性收入，全面落实粮食综合直补、耕地保护资金、农业机具购置补贴等强农惠农富农政策，增加农民转移性收入。

五是实施乡村人居环境整治工程。打造优美人居环境是建设美丽中国、实现乡村永续发展的重要基础。以农村垃圾、污水治理和粪污治理提升为主攻方向，强化各种举措，稳步有序推进农村人居环境突出问题治理。要打造农业景观，建设美丽田园，大力提升农村居民生活设施现代化水平，把农村建设成为生态农业景观、最美的公园。

六是实施农村文化现代化建设工程。农耕文明是现代文明的源头，是乡村振兴的根与魂，必须随着时代的发展进程赋予更多现代文化的内涵。要深化乡村公民道德建设，以社会主义核心价值观为引领，推进社会公德、职业道德、家庭美德、个人品德建设。加强农村思想文化阵地建设，坚定农村文化自信，扶持培育一支"懂农业、爱农村、爱农民"的农村人才队伍，让文明乡风滋养美丽农村。

七是实施乡村社区发展治理工程。社区是乡村的基本单元，基层组织、社会力量要协同发力，形成多方参与、共建共治、服务共享的科学化、法治化、精细化的治理体系。创新乡村社区公共服务供给水平，统筹解决乡村社区资源配置与减负增效等问题。加强乡村社区一体化网络建设，坚持自治、法治、德治相结合，把对乡村社区治理工作有效融入社区幸福家园建设中去，确保乡村社区和谐有序。

（四）以实施乡村振兴为抓手，发挥农业科技创新对现代农业的引领作用

实施乡村振兴是党和国家在新时期作出的重大战略决策，也为新时代开展三农工作重点和任务指明方向。要以实施乡村振兴战略为契机，加快建设国家农业科技创新体系。一是农业科技创新的引领。农业高新技术不仅具有提高土地产出率和劳动生产率的支撑作用，更是实现现代农业"接二连三"的重要枢纽。用现代农业设施和技术武装农业，提高农业基础设施和物质装备水平，加强农业科技的研发和投入，通过农业科技创新增强农业技术转化率、提高农业科技进步贡献率，通过机械化、信息化、标准化、科技化建设提高农业综合生产能力。因此，要注重农业科技创新条件建设，建设和改造升级一批农业高新技术产业开发区、国家农业科技园区和现代农业科技创新中心，提高技术集成与组合应用的效率，以形成现代农业技术示范推广体系。二是智慧农业的引领。目前，中国农业进入了大转型与大变革的关键时期，传统农耕"面朝黄土背朝天"的场景将逐步退出舞台，而以互联网、物联网为载体的智慧农业即将引领中国农业农村开启"变革时代"。在实施乡村振兴战略的时代背景下，发展智慧农业和互联网农业已经成为产业兴旺的具体要求。在今后一段时期，加快农业转型升级，大力发展智慧农业和数字农业，加强物联网、智慧装备的推广应用，推进信息进村入户，提升农民手机应用能力，建设全球农业数据调查分析系统，基本建成集数据监测、分析、发布和服务于一体的国家数据平台，实施智慧农业遥感应用工程，加快现代农业发展。

(五)以深化农村改革为动力,激发农业农村现代化发展活力

农村改革关系到农村政治、经济、文化等多个方面,深化农村改革就是释放农村生产要素的原有活力,为农业农村现代化发展提供新动能。一是深化农业供给侧结构性改革。以延长产业链、提升价值链为重点优化农业产业体系,以扩大绿色、有机、无公害农产品供给为重点优化农业生产体系,以发挥土地适度规模经营引领作用为重点优化农业经营体系,以提高资源匹配度为重点提高农业生产效益。二是深化农村集体产权制度改革。大力推进农村土地制度改革、农村集体资产股权化改革,完善农村集体产权交易服务机制。在农村集体成员民主协商、民主决策的基础上形成成员资格认定标准,建立农村集体资产股权管理办法并进行存档备案。在农村集体所有制经济的基本制度下,发挥集体经济的优越性,盘活农村资源要素活力,努力打造综合性的农业农村改革平台和农村产权交易平台,因地制宜发展多种农村集体经济形式。三是深化农村金融服务综合改革。以发展农村普惠金融为重点加快完善金融组织体系,以创新金融产品为抓手加快完善农村金融产品体系,以建设"农贷通"等平台为载体加快完善农村金融服务体系,以优化农村金融生态环境为保障加快完善农村信用体系。

(六)以促进城市生产要素下乡为载体,加快培育和壮大现代农业发展的新产业、新业态和新模式

城乡一体化和融合发展的时代背景下,城乡生产要素双向流动已成趋势。紧紧围绕城乡互动融合发展,加快构建新型城乡关系的方向,做好统筹工作。为使生产要素下乡发挥出最大的效果,应制定并实施城市生产要素下乡的优惠政策,做好城市生产要素下乡的机制体制创新工作。积极开展人才、技术、资本等城市先进生产要素下乡工作,制定扶持政策,做好监管。建立创业农民支持体系,吸引城市能人到农村创新创业,壮大新型农业经营主体。建立城乡统一的建设用地市场,严格农村土地征用补偿标准,创新土地收益分配制度,使农村土地增值收益"用之于农",切实保护农民利益。进一步支持农业嘉年华、农业公园、休闲农业、会展农业等现代农业新产业、新业态。要注重解决现代农业新产业、新业态发展的障碍,如建设用地指标不足、工业用电计费提高成本等问题。通过优化城乡生产要素下乡以及现代农业产业项目配置,处理好生产经营主体与农民之间契约合作关系、利益联结和分配机制,推动现代农业的

发展壮大和农民增收致富。

（七）以加快转变农业发展方式为契机，推进农村一二三产业融合发展

面对我国农业领域出现的新变化、新挑战，应加快转变农业发展方式，实现农业生产由增产导向向提质导向转变，走出一条一二三产业深度融合发展的农业农村现代化发展道路。优化农业生产结构和布局体系，协同推进农产品生产和加工业、服务业协同发展。以建设现代农业产业园、现代农业示范区、农业科技园区为载体，挖掘农业生态价值、休闲价值、文化价值，因地制宜推进农业与文化、信息、教育、旅游、康养等产业深度融合，培育壮大乡土经济、乡村产业，达到一产优、二产强、三产旺，形成相互紧密关联、高度依存带动的完整产业链。增强提质增效新观念，发展农业新业态、新模式。加快引导新型经营主体对接商务平台，探索鲜活农产品、农业生产资料、休闲农业等"互联网+农业"新业态、新模式，推广信息技术与生产、加工、流通、管理、服务和消费各环节的技术融合与集成应用模式，深度挖掘农业的产业新空间。

参考文献

何安华，楼栋，孔祥智，2012. 中国农业发展的资源环境约束研究［J］. 农村经济（2）：3-9.

姜欢欢，鲍晨光，2017. 基于"数量、质量、生态"并重的耕地保护对策［J］. 绿色科技（6）：181-183.

蒋和平，2018. 粮食政策实施及其效应波及：2013—2017年［J］. 改革（2）：64-74.

夏英，钟桂荔，曲颂，等，2018. 我国农村集体产权制度改革试点：做法、成效及推进对策［J］. 农业经济问题（4）：36-42.

余瑶，2017. 我国新型农业经营主体数量达280万个［N］. 农民日报，2017-03-08（006）.

张乐柱，曹俊勇，2016. 农村金融改革：反思、偏差与路径校正［J］. 农村经济（1）：81-87.

张晓山，2016. 关于中国农业农村改革与发展的几个问题［J］. 财经问题研究（8）：73-79.

钟甫宁，2016. 正确认识粮食安全和农业劳动力成本问题［J］. 农业经济问题，37（1）：4-9，110.